すぐできる！ 魂の合氣術

「カタカムナ」の姿勢と動き

大野朝行

魂合氣研究会主宰

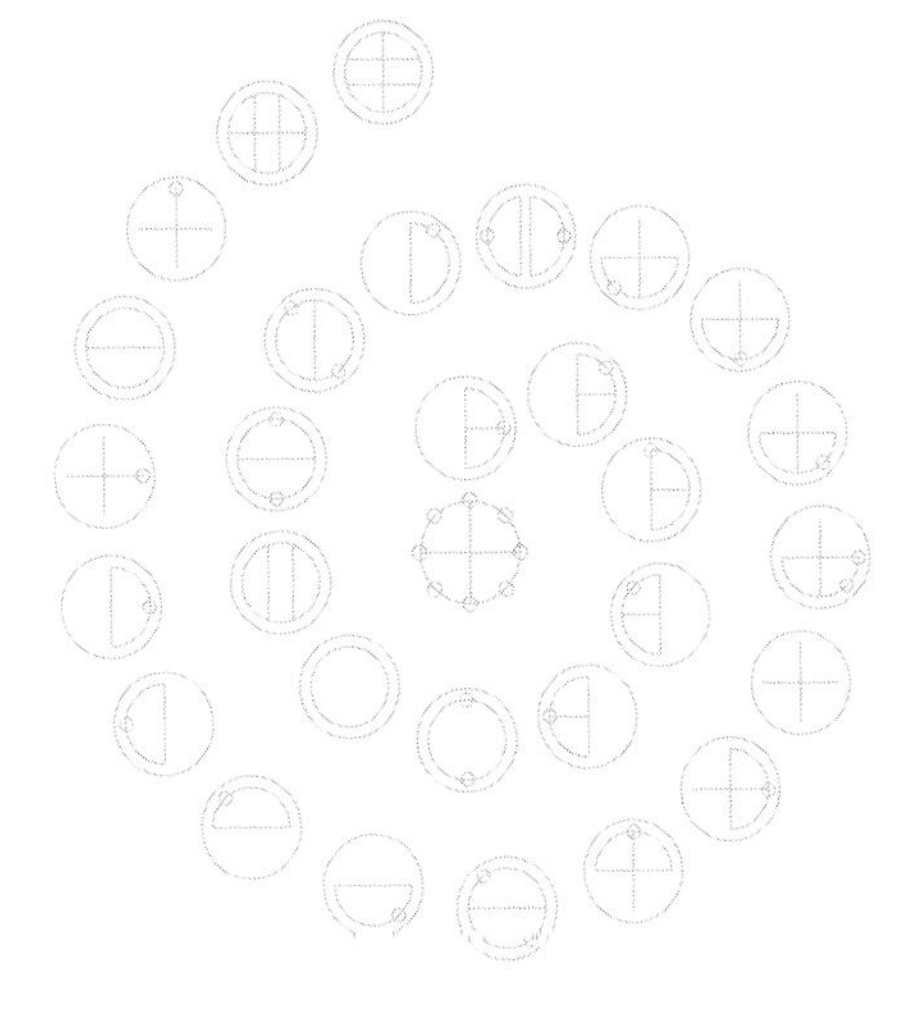

BAB JAPAN

はじめに

魂の合氣をビデオや写真でご覧になった方は、「何もしていないのに受けが勝手に崩れている」と思いませんでしたか？　魂の合氣は、腰の力が抜けてしまう、自分から転びたくなってしまう、思いがけず崩れてしまう等と、常識では考えられないことが起こるのでそのように見えるのです。

魂の合氣は、姿勢、呼吸、動き方、そして心のあり方等を、自然の道理に則るように行います。

このことをカタカムナの言葉でマノスベといいます。マノスベとは「体で感受して、それに従った自然な営み」という意味ですが、同時に「カム（カムナともいう）の仕事、カムの業という意味もあります。宮本武蔵が著した『五輪書（ごりんのしょ）』には、この自然の道理に適う仕草が記されていました。これに気づかされたのは天佑であったと思います。そこで、ここで知り得た極意は、余すことなく皆様にお伝えしたいと思います。

自然の道理に適う状態から何が生じるかというと、一つには気が生じます。そこで、筋力ではなく気を使う合気ができるのです。

カタカムナの言葉には、見えない世界（潜象界）からもたらされる働き、法則が様々な言葉で表現されていますが、気の働きはどこから生じるかといえば、ここではカムウツシ量（アワ量ともいう）のもたらす働きとして解説していきます。

幕末、あるいは明治になって日本を訪れた欧米人が「日本の美しく清潔な街並みや、人々の深い教養に深く感銘を受けた」とか、「日本人のとてつもない体力に驚いた」といった記録がいろいろと残されています。体力というと、筋力を鍛えるとか栄養を摂るとか西洋的な考えに陥ってしまいますが、そうではありません。自然の道理に適うあり方（マノスベ）であれば、カムウツシ量（アワ量）が増します。体力とは、それが増すことによって生じるカム（カムナ）の業の一つなのです。

日本は、欧米ともアジアとも異なった文化を持っていました。それらを知れば知るほど、ご先祖たちに誇りを持ち、日本に生まれたことを幸せに感じていましたが、その要因は何かというと、風土と歴史なのです。古代の日本に開花したカタカムナ文明から受け継がれてきた優れた感受性、それによって自ずと生み出された生活の仕草がありました。

カタカムナの文化は、生きるための様々な法則がその根底を貫いています。その根幹は感受性の大切さですが、縄文人たちはそこから、マノスベに適った心のあり方、姿勢、歩き、呼吸といった現代とは異なった文化を培ってきたのです。

明治の開国以来、西洋文化は日本よりも進んでいるという認識のもとに、追いつけ追い越せといった国家方針がありました。西洋の強大な軍事を急いで取り入れて強国にしなければ、他のアジア諸国同様に植民地にされてしまうという危機感もあって、やむを得ませんでした。軍隊のあり方もフランスやイギリスから学び、警察や学校にも規律が採用されたこと、軍隊に革靴が採用されたこともあって、姿勢や歩きは西洋式に変わっていきました。子どもたちの姿勢や歩きや仕草は、大人に倣（なら）ってすぐに変わってしまいます。

また、スポーツという戦いから生まれた体の使い方が常識となってしまった現代では、かつての日本人の姿勢や動き方や呼吸とは変わってしまいました。

かつての姿勢、歩き、呼吸の何が優れていたのでしょうか。カタカムナの言葉でいえば、「アワ量（107頁〜参照）が豊かになること。気が体に満ち溢れること」でした。この素晴らしさを認識できないままに失われていったのです。

今の人たちは、重心を足先に置いています。このため、足先で地面を蹴って歩くようになります。しかし、昔の日本人の多くは、このような歩きをしていませんでした。なぜならば、草鞋（わらじ）、下駄といった鼻緒のついた履き物を履いていて、蹴って歩けば転びやすいし、草鞋や下駄のすり減りも早くなるし、鼻緒は切れやすいといった不都合が多くなるからです。なぜ蹴る歩きになったのでしょう。それは靴を受け入れた結果なのです。

地面を蹴らないで歩けば、頭が上下せず、体も揺れません。その様子を見た人が、「船が帆に風を受けて進んでいるみたいに滑らかですね」というので、私はこれを「風帆（ふうはん）の歩き」と命名しました。当たり前であった当時の歩きに、名前があるはずがありません。名前をつけたのは、今の蹴る歩きとは根本から異なっているからです。

姿勢と歩きによって自ずと生まれる呼吸法を、密息（仙骨呼吸）といいます。密息は腹式呼吸と比べて、緊張の取れた楽な呼吸です。昔の日本人は、様々な分野で奥義を生み出しましたが、それに欠かすことができないのがこの密息でした。

かつての日本人の姿勢、歩き、呼吸であれば、自ずと雑念が生じにくく、空になりやすいこともわかりました。心（魂）の合氣は、雑念の生じない状態で丁寧に行います。

宮本武蔵はもとより、昔は心の合氣（このような言葉はなかったが）を身につけた達人も多かったのでしょう。というよりも、昔の日本文化を受け継いできた人たちの仕草自体が、心の合氣とは切っても切れない関連性を持っていたのです。

このことは、『五輪書』や江戸時代の達人たちの言葉からもわかります。日本の文明が、外国とはあべこべであったのは、力の文化ではなく、心の文化であったからです。

達人の悟りの究極に、自我を離れて、空になることがありました。空になることで生じる不思議さとは何なのか。これは、神（カム、カムナ）の業として認めなければ理解できません。『合氣神髄』植芝盛平語録には、**『合気は小戸の神業である』**（151頁）、**『合気は禊ぎである』**（150頁）という言葉が他にも何度か出てきます。

魂の合氣を理解していただく一つの方法として、人それぞれによって捉え方の異なる神や魂についても、参考までに触れてまいります。

CONTENTS

3 ◉ 実践例

第1章

脊柱を平らにした日本人の姿勢

1◉古来の生活様式から生まれた平らな脊柱

戦後、欧米の文化を尊ぶ風潮の中で、特に海外の女性の体形、細くくびれた腰や反った背中を美しいとする考えが広まり、今なお続いています。

しかし日本人は長らく、平らな腰、平らな脊柱(せきちゅう)を当たり前の姿勢としてきました。

かつて、日本人が長い年月、長時間にわたって携わってきた作業の多くが、引く動作、しゃがむ動作でした。鋤(すき)、鍬(くわ)、掬鍬(すくいくわ)などの道具を使った農作業や雑草取りがそれです。これらの長時間の作業を可能にしたのが、平らな腰でした。

一方、外国では椅子に腰掛け、馬に乗り、しゃがむことが少ないので腰は反りやすく、押す動作がたやすくなります。

私は子どもの頃から、かんな、のこぎりなどを日本では引いて使うのに、外国では押して使うのはどうしてだろうと不思議に思っていました。隣国中国でさえ、かんなは押して使っています。また、日本刀は引いて斬るのに、外国の剣は突いて使います。

引くといえば、日本料理も日本建築も日本の衣料も、素材の良さを引き出すことが名人の技でした。引くことが、日本人の体型にも心にも合っていたようです。体形の違いは、地理的条件も関わっていました。

日本は海に囲まれた山国で降雨量も非常に多く、地球上の大きな四つの地殻（プレート）が交わる極めて特殊な位置にあるために、２０００を超える活断層があります。昔から地震、噴火、山崩れ、津波、台風、洪水など、多くの自然災害を被ってきました。だからこそ日本列島の地層は若く、土は人力で耕せるほど柔らかで、雑草が絶えないほどに土地は肥沃（ひよく）でしたから、どれだけこまめに草取りをするかで収穫に差がつきました。平らな腰、平らな脊柱は、まじめな農耕作業や、田畑の潅漑（かんがい）作業、起伏の多い山坂の往来などから生まれました。

日本は四季の変化にも恵まれ、山に積もった雪は、河川となって田畑を潤します。豊葦原（とよあしはら）瑞穂（みずほ）の国と称えられるほど、大昔から水田も豊富でした。手入れの行き届いた里山の木々の葉の彩（いろどり）や百花の繚乱（りょうらん）する美しい自然環境の中にあって、自然と人間は一つであって、自然の内に人があり、人の内に自然がある独特の精神文化が育ちました。自然や周囲に身を委ねて調和し、常に一歩引いた姿勢で全てを受け入れていく文化、自然の中のあらゆるもの（八百万（やおよろず））を神と崇め、自然からの恵みを押し頂く心と体の文化を育んできました。

一方、諸外国の多くは一見緑豊かで自然も豊富に見えますが、固い地層の上にあるために水資源も少なく、人力で土を耕すことの難しい土地が数多くありました。そこでは大型の鋤を牛馬に引かせて土地を耕すことが考案されました。また農作物を作るのに適さない土地では、牧畜を行って食用としましたので、肉食の機会も多くなり、馬に乗る生活習慣も生まれます。そのような生活環境や習慣が、実生活の負担を合理的に軽減させる思想を発達させました。

日本と諸外国の生活背景はこれだけ違います。終戦後は、教育や生活スタイルを洋風化することがステータスシンボルといった風潮が蔓延し、どっと流入してきた欧米文化によって日本人の体形も考え方も大きく変化してしまいました。

『ヨーロッパと日本文化』（ルイス・フロイス著、岡田章雄訳注、岩波文庫）では次のようにあります。**『topsy-turvy Dom という言葉がある。顛倒（てんとう）、さかさま、あべこべの意味である。幕末、明治のころに日本を訪れたイギリス人や、アメリカ人は、日本人の生活様式や風俗を紹介して、良くこの言葉を使った』**。江戸時代までは、世界で唯一あべこべの文化を生み出していたのです。

『五輪書』で読み解いていくと、武蔵の剣は、今のスポーツの常識とはあべこべになります。『五輪書』に基づいて成り立つ魂合氣も当然、スポーツとはあべこべになります。

このような日本文化の原点は何なのか、これは深くて興味深いものです。

2 ◉ 五輪書から姿勢を学ぶ

脊柱を陸にした姿勢の特長

健康に暮らしていくには、何よりも気の豊かさが重要になります。それには、力みのない柔らかな姿勢とリラックスした心が大切です。ところが現在、常識的に正しいとされている姿勢や歩きでは十分ではないのです。それは重心の掛かる位置が、中心より前にあるために緊張が生まれ、気が満ちないからです。

足先で蹴って歩くことで、気は頭に偏って、腹から下の気が抜けている人が多いのです。脊柱（頸椎、胸椎、腰椎、仙椎）が陸（平ら）であることと、重心を踵に置くことは、昔の日本人にとっては普通の姿勢でした

脊柱はS字カーブを描くことが良いというのは、西洋人の脊柱がS字であることから、思い込みで生まれた理屈にしか思えません。

脊柱が陸（平ら）という姿勢を私が知ったのは『五輪書』からです。武蔵が当時の人たち

の姿勢を検討し、その長所を自身の体で感受して細かく記したものと思います。

脊柱を陸にした姿勢は諸芸諸能に通じる

『五輪書』を解説した書物は多くありますが、各々が思い込みで解釈しており、武蔵の真意がわからなくなっているのが現状です。そこでもし、「『五輪書』にある姿勢なら知っている」と思われた方も、まずは本書でご説明する姿勢を素直に体験していただきたいと思います。

『五輪書』水の巻、前書にも、**『一言ひとこと、一字いちじにて思案すべし、おおかたに思いては、道の違うこと多かるべし』**とあります。一箇所でも間違って理解されると、真意が伝わらないからです。

例えば**『背筋を陸に』**とあるのを、「背筋を伸ばすこと」と思って、小学校で習った「気をつけ」の姿勢と思ってしまうことです。

先入観を持たずに正しく解釈して、それを体で理解できれば、武蔵の真意は生かされます。武蔵が一字一句に心魂傾けて書き上げた私たちの宝物ですから、正しく解釈して身につけたいと思います。解釈が正しいどうかは、魂合氣を通して、あるいは気の見える方によって検証しました。

この姿勢には、次のような長所があります。

◎体全体に気が満ちて、体の周囲にも気が溢れて、生き生きとした気持ちが湧き上がります。
◎気が満ちると、細胞の心に不安がなくなり、穏やかでいられます。
◎体の力みがなくなり、正中線が生まれます。
◎風帆の歩きも密息（仙骨呼吸）も、この姿勢でなければできません。

日本の伝統文化は、姿勢が大切な要素になっています。**『五輪書』**にある姿勢は諸芸、諸能に通じます。**『兵法の利にまかせて、諸芸、諸能の道となせば、万事におゐて、我に師匠なし』**（『五輪書』序の巻）。

諸芸諸能に大切な、豊富な気と感受性とを最大限に生かせる姿勢だからこそ、優れているのです。カタカムナの言葉で言うならば、アワ量を増し（107頁〜参照）、空（智を働かせないこと）の心境へと至る姿勢なのです。

『五輪書』は兵法書と思われていますが、普段の生活においてもこの姿勢が大切です。そこで、**『常の身を兵法の身とし、兵法の身を常の身とする事肝要也。能々吟味すべし』**とあるのです。

まずは『五輪書』に記された姿勢について見ていきましょう。

『みのかかり、顔はうつむかず、あおのかず、ひずまず、目をみださず、ひたいにしわをよせず、まゆあいにしわをよせず(注)**、目の玉うごかざるやうにして、またたきをせぬやうに思ひて、目をすこしすくめるやうにして、うらやかに見ゆるかを、鼻すじ直にして、少しおとがいを出す心なり。くびはうしろのすじを直に、うなじに力をいれて肩より惣身はひとしく覚え、両の肩を下げ、背筋を陸に、尻を出さず、ひざより足先まで力をいれて、腰のかがまざるように腹を張り、くさびをしむるといひて、脇差しのさやに腹をもたせて、帯のくつろがざるように、くさびをしむると云うおしえあり』**(水の巻・兵法身なりのこと)

これについて説明させていただきますが、その前に、**『背筋を陸に、尻をださず』**の姿勢を実感してみましょう。

(注)まゆあいにしわをよせず

多くの解説書は、『まゆあいにしわをよせて』となっています。しかし、これは不自然です。私はある偶然から決定版宮本武蔵全書を読み、楠家本(写本)では、『まゆあいにしわをよせず』であることを知りました。うらやかに見ゆる顔ですから、「しわをよせず」が正しいのです。

脊柱を陸にした姿勢を体感する

脊柱を陸にした姿勢を寝て作り、体感してみましょう。

①仰向けに寝て、座布団を頭から腰のくびれの辺りまで当てて敷きます。下腿(かたい)(膝から下の脚)を椅子等に乗せます。

②お尻は座布団から落ちています。そこで、椅子の面をふくらはぎで足先方向に少し押すと、お尻が床から浮きます。

③ふくらはぎの力を抜くと、お尻が床に落ちます。再び、ふくらはぎで椅子の面を押すと、お尻が床から浮きます。この動作を繰り返します。

④腰の両脇に出っ張ったグリグリ（腸骨稜(ちょうこつりょう)）があります。このグリグリを親指で触れ、残りの四指は大腿の横に触れてこの動作を観察すると、グリグリを回転の軸にして、骨盤が回旋していることが感じられます。

四指が下腹方向に回旋するのを、後方回旋（腰の後傾）といいます。お尻方向に回旋するのを、前方回旋（腰の前傾）といいます。

後方回旋させると、お尻が床から離れ腰が平らになり、体の前側が頭方に上がります。顎も上がります。これが、脊柱を陸にした姿勢です。

かたや、前方回旋させると お尻が床に着いて腰が反り、体の前側が足方に下がります。顎（おとがい）も引けます。これが、脊柱の反ったS字の姿勢です。

この動作を４～５分行うと、目も気持ちもトロンとします。

⑤一度うつ伏せになって、四つん這いの姿勢から静かに立ち上がります。踵に重心を置いて立つと、体は静かにゆらゆらと揺れます。体が緩み、軸ができて、視野が広がり、腕は柔らかくなっています。『五輪書』で説く姿勢は、このようにトロンとして、静かな状態で立った姿勢です。

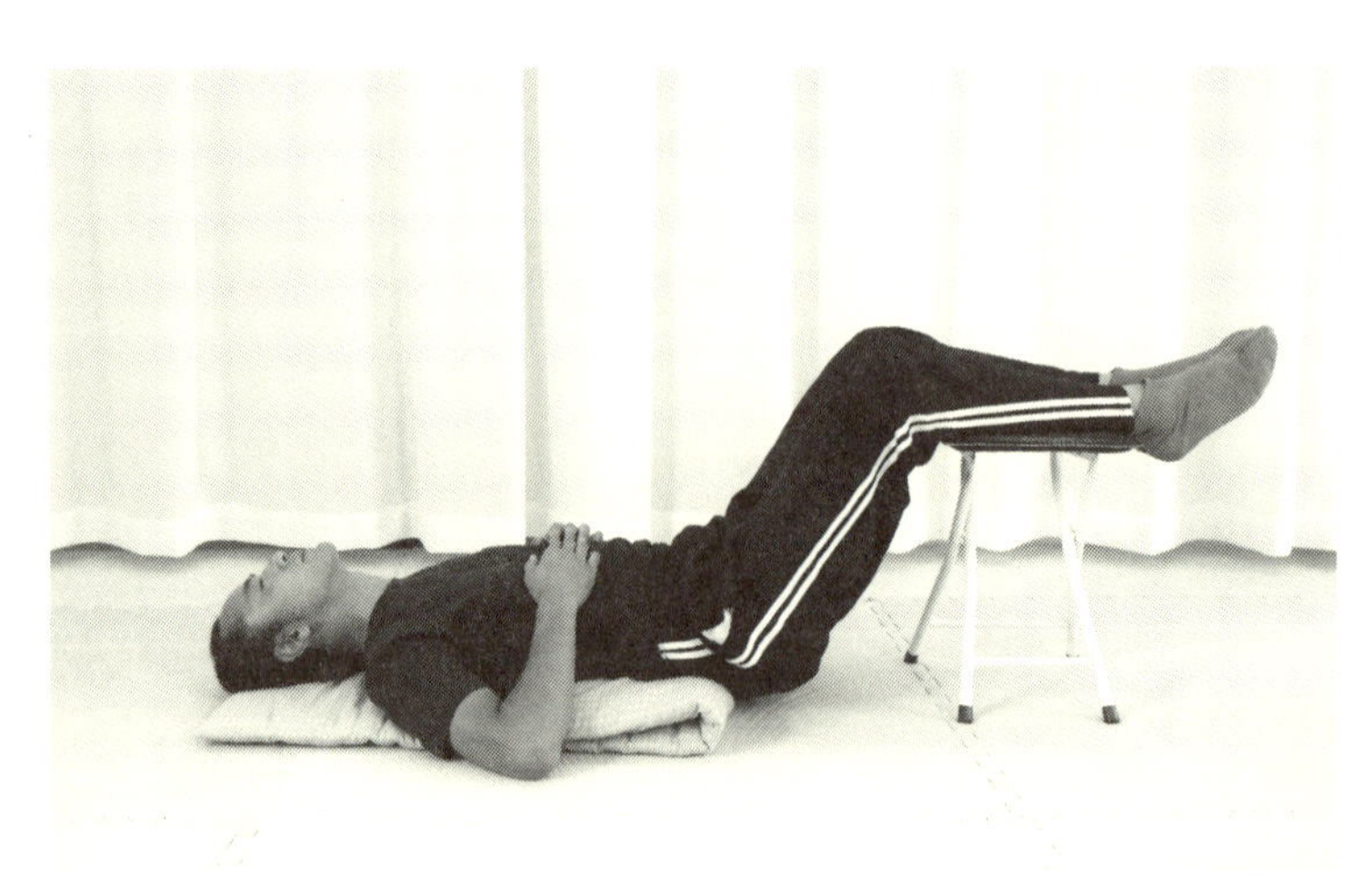

脊柱を陸（平ら）にする方法。しだいに気持ちもトロンとしてくる。

この状態を作ると、魂合氣も効くようになります。これは体に気が満ちるからです。カタカムナで解くと、アワ量が豊富になり、オホの親和統合の働きが関わっているからです。このようなことから、この姿勢をマノスベの姿勢と呼んでいます。マノスベとは間（ま）の術（すべ）、あるいは神の働き、神の業といった意味があります。

『合氣神髄』にも、**『合気の鍛錬は神業の鍛錬である。これを実践して、はじめて、宇宙の力が加わり、宇宙そのものに一致するのである』**（42頁）とあります。マノスベの鍛錬なのです。

うなじに力をいれて

それでは、『五輪書』に記されたみのかかり（姿勢）を作ってみましょう。足を腰幅に開いて立ちます。ちなみに肩幅以上に開いて立つと、腰に力みが生じます。

では、「みのかかり」の要点について、一つずつ解説してまいります。

『少しおとがいを出す心なり』とあります。おとがいとは下顎のことです。顎を少し上げ気味にします。こうして目線を水平より高く保ちます。

『くびはうしろのすじを直（なお）に、うなじに力をいれて』。これは、首の付け根辺りに力を入れて、首を後方に移動させ、脊柱と首の関係をできるだけ直(なお)(真っ直ぐ)にすることです。うなじの付け根に力を入れても、不思議と力みになりません。かえって雑念がなくなり、空(くう)になりやすいことに気づかれると思います。ここが空になるための大切なポイントなのです。うなじを直にしたときと傾けたときを比べると、はっきり違いが感じられるでしょう。

こうして首筋を垂直に立てることで、大脳の中心部にある脳幹から脊髄へと神経が垂直になります。これによって、神様の通われる経(みち)が整います。「非科学的」と思われるかもしれませんが、実際にそうなることから私には納得がいきますし、気に入っています。「では首を前に傾けたら整わないのか」等、色々と反論はあるかと思います。しかし、こうすることでカムウツシ量(アワ量)が増えて、気の発生も多くなるのです。

ちなみに、キという言葉はカタカムナの文字から読み解くと「発生する」という意味に捉えられます。そのことから、気は外から取り入れているのではなく、カムウツシ量、アワ量に応じて発生していると理解できるのです。

つま先を少しうけて、踵を強く踏むべし

立って腰の両脇のグリグリを親指で触れ、残りの四指を大腿に触れて、四指を前方に回し

て骨盤を後方回旋させ脊中を下げます。こうして背中を平らにすることが**『背筋を陸に、尻を出さず』**の姿勢です。

骨盤を回旋させれば鼠径部（そけいぶ）と膝は曲がりますが、このとき下腿（膝から下）が傾かないように、なるべく垂直に保つことが大切です。傾きの限度は、つま先から垂直に立てた線から膝頭が出ないようにします。

こうして立つと、体は後方に引かれて、つま先が自然に浮き、踵（きびす）に体重が乗ります。水の巻の「足つかひの事」に**『足のはこびようの事、つまさきを少しうけて、きびすをつよくふむべし』**とありますが、この歩き方と同じ姿勢になります。

こうして立ち、歩いてみると**『ひざより足先まで力をいれて』**の足先とは、つま先ではなく、地面に接する足のことだと理解できるでしょう。

つま先を少し浮かすことで、様々な効果が生まれます。そのため、「この姿勢は誤りだ」と頭から否定しないでください。踵（きびす）という文字にも示されているように、重さはしっかりと踵（かかと）に掛けることがマノスベになるのです。

全身が等しく感じられること

『肩より惣身はひとしく覚え』とは、肩から膝の上までが等しく感じられることです。力みや緊張がなく、左右や前後の傾きもなくバランスが取れていれば、等しく感じられます。骨盤を後方回旋させて、前屈みにならないように、腹にしわが寄らないようにします。腹にしわが寄ると、腹が力むので腹の気が抜けます。そこで**『腰のかがまざるやうに腹を張り』**となるのです。

腹を張るとは、お腹を膨らませるのではなく、太鼓や三味線の皮を張るように、お腹を上方向にピンと伸ばすことです。こうして、体の前側を上げて脊柱を直に保ちます。

『くさびをしむるといひて、脇差しのさやに腹をもたせて、帯のくつろがざるように、くさびをしむると云うおしえあり』(『五輪書』)

これも腹を張る教えです。「くさび」とは、材木に打ち込んで隙間を押し開く道具です。くさびのように、さやをお腹の横に押しつけて上下に開きます。さやの代わりに、拳で両脇腹を押してみましょう。お腹が上下に広がると、踵に体重が乗ります。

体を屈めるときには、腹を張ったまま鼠径部から曲げます。昔の武士のおじぎもこれでした。

焦点を合わさずに見る

「兵法の目付と云事」の中に、次の言葉があります。

『目の付やうは、大キに広く付くる目也。観見二ツの事、観の目つよく、見の目よはく、遠き所を近く見、近き所を遠く見る事兵法の専也。敵の太刀をしり、聊敵の太刀を見ず と云事、兵法の大事なり』中略『目の玉うごかずして、両わきを見る事肝要也。かやうの事、いそがしき時俄にはわきまえがたし。この書付を覚え、常住此目付になりて、何事にも目付のかわらざる所、能々吟味あるべきもの也』

「遠山の目付け」という表現があります。これは遠くの山々を見るように、どこにも焦点を合わさずに見ることです。これが「観の目」です。何ごとにおいても、常日頃、この目付きが変わらないようにとありますが、観の目は大切です。

現代の環境では、何かに集中して焦点を合わせる機会が多々あります。例えば、スマートフォンやパソコンの画面に見入って視野を狭くすることが、見の目です。見の目は視野が狭いために、勝負の場においても弱いのです。相手を見つめるのではなく、遠くを見る目付きが自然なのです。

『目の玉うごかずして、両わきを見る事肝要也』という状態が、観の目です。肩甲骨の下側を閉じて、うなじを直にして、少しおとがい（顎）を上げた姿勢にすると頭は空になり、目の玉は自ずと動かなくなります。広く両脇も見えています。周りの音も聞こえています。気も広く周囲に満ちているので、あらゆる事態にもすぐに気がつくため、対応が早くなります。

周囲のものが見えない、音も聞こえない集中は、左脳を使った集中です。もしも、動物たちがこんな集中をしたら、周りの状況に気づかずに、たちまち他の動物の餌食になるでしょう。幸い側面に目がある動物たちは、ほぼ全周囲が見渡せますから、常に遠山の目付け状態にあるのです。

右脳と左脳、どちらが働いているかは、その方の目を見るとわかります。右脳が働いているときは視野も広く、うらやかな目になっています。このときには空（無心）になりやすくなっています。

「顎を引いて」と教わり、顔は下に向けることが正しいと思っておられる方も多いのですが、腰を反らせた姿勢だから顎は引けるのであって、マノスベの姿勢では顎は引けません。

力みになるからです。奥歯を噛みしめるのも力みです。一つ一つ、体の力みをなくしていきましょう。

吊り下げた意識

多くの現代人は前重心になっていますから、中心軸から外れて立っています。それに違和感を覚えないのは慣れてしまったからでしょう。

脱力は大切なことと知ってはいても、前重心で立っている限りは真の脱力はできません。温泉でくつろぐのも、お酒でくつろぐのも脱力ですが、正中線がないのは、腑抜けの脱力といって、すぐには動けない脱力です。正中線のある脱力にこそ働きがあります。正中線とは、物理的な中心線や体軸のことではありません。神社では参道の真ん中を正中といい、神様の道として、そこを歩くことを遠慮します。正中線にはそのような霊威があります。

脊柱を陸(ろく)にして、下体はしっかりと緩めて、上体は動かないように吊り下げられていると思うと、正中線ができて流動自在の動きができます。

『吊り下げる』という表現を初めて使ったのは宮本武蔵です。彼はこの例えをとても気に入って、武蔵が二十代に著した兵法書、『兵道鏡』（前八の位）の中で、**『身なり陸に、如**

何ほどにも静かに、きっかりと、下はゆるゆるとも、上の動かざるように、例えば、空より、縄にて吊り下げたるものと、心にあるべきなり、この義、一段と面白きたとえ』と、自画自賛しています。

多くの方はこれを、全身をピンと伸ばす姿勢と解釈しています。しかし、『**下はゆるゆるとも**』とあるように、鼠径部や膝を緩めなければ、体の緊張は取れません。体が弛緩するからこそ、正中線が生まれるのです。『**上の動かざるように**』とは、上体が捻れたり前後左右に傾いたりしないことです。

鼠径部や膝を緩めてゆるゆるとしておくと、手を動かしたときに腰が動いたり上体が捻れたりすることもなくなります。上は吊られて下は踵重心、と意識すると良いでしょう。

『**身なり陸に、如何（いか）ほどにも静かに、きっかりと**』。きっかりとは、前後の言葉を強調しています。決して騒がしい動きはしないことです。静かに、丁寧に動くからこそ、アワ量が満ちて、おかげさま（カムの働き）が生きてくるのです。物事を丁寧に扱うこと、がさつな動きをしないこと、この効果は想像以上のものがあります。

『**下はゆるゆるとも、上の動かざるように**』。下（腰、鼠径部）をゆるゆるとしておくと、足を振り上げたり、飛び跳ねたり、大股で歩いたりできなくなります。

肩甲骨の下側を閉じることで、上（上体）は動かなくなりますから、腕を速くは振れないし、力も入りません。パワー&スピードといった、スポーツとは真逆の考え方をすることで、アワ量が増え、気の合気ができるのです。

武蔵の『五輪書』に書かれていることの根本は、アワ量が増え、気が豊富になる術でした。そこで、武蔵の剣はスポーツの剣ではなく、まさに合気の剣だったと想像できます。

アワ量を増やし、気を豊富にする正中線

空から吊る縄は、尾骨から脊柱を通り、百会を通ります。このラインは経絡で見ると、全身の陽気が集まる督脈に沿っています。また、脊柱の内部を通る脳幹脊髄系の神経経路とも重なっています。神経経路とは、字が示しているように神の経です。正中線も神の道です。そこで、この神経経路、頸椎、胸椎、腰椎、仙椎等、つまり脊柱を直にして神の経を整えます。すると後頭部の辺りが空になったように、雑念が起きにくくなります。

こうして立ったときに、気の見える人に見ていただきました。すると、「気は体全体に充実して、どこも欠けている箇所がなく、美しく輝いて見えます」と、答えてくれました。

試しに、つま先を床に着けて立つと、「お腹の辺りの気が抜けてしまい、足の気も見えなくなり、上のほうの気も部分的で停滞して見えます」とのことでした。

壁にもたれて踵重心の姿勢を作ってみる

マノスベの姿勢は、気の合気を行うためにも大切です。踵立ちでは、重心の位置がかなり後ろに感じられます。この感覚が今までとは違うので、普通に立って行うと難しいようです。そこで、壁を使って行ってみましょう。

壁を背にして、足を腰幅に開いて立ちます。壁と踵の間は、15センチほど離します。そこから、体を真っ直ぐにしたまま後ろに倒すと、頭と肩甲骨の辺りが壁に着きます。足先が上がって踵立ちになっています。そこで骨盤を後方回旋させると、腰が壁に着きます。腰椎が真っ直ぐに下り、鼠径部と膝が緩みます。こうして作った踵重心の感覚を覚えておいて、壁を使わないで立ってみましょう。

壁がないと後ろに倒れそうで不安定に思えますが、体がバランスを取ろうとしているので、実はこのほうが中心で立てているのです。そして、天から吊られていると思って、鼠径部を柔らかくして力まずに立てるようにしてください。特に大腿部の前側が力まないように気をつけてください。

こうして踵(きびす)重心で立つと、膝より上が緩みます。上体も腰も腕も柔らかくなって、気は満ちてきます。これがマノスベの姿勢です。

スポーツ理論が正しいと思われている現在では、踵に体重を掛けて立つなど考えもしないでしょう。スポーツは戦いの姿勢ですから、つま先や足の前側に重心を掛けるほうが良いのです。しかし、気を使う合気では踵に掛けることが必須になります。

ちなみに、気を主体とした整体のお仕事をされている方から、「足先を浮かして踵重心で仕事をするようになってから疲れなくなり、腕前も上がりました」と聞きました。気が満ちるからです。

下後鋸筋を作用させる

マノスベの姿勢を作る方法を、もう一つ紹介しておきます。

肩甲骨の下側を閉じることで上（上体）は動かなくなる、と前に書きました。肩甲骨の下側を寄せるとは、次のように捉えてください。

下後鋸筋（かこうきょきん）を作用させて、下部の肋骨を背側中央下方に引き寄せつつ引き下げるのです。すると自ずと鼠径部が緩み、膝も少し緩みます。首の付け根辺りに力を入れて首を後方に平行移動させることも、自ずとできてしまいます。

マノスベの姿勢に必要な要項が、これでほぼできるのです。

下後鋸筋とは、下部の肋骨を背側下方に引っ張る筋肉で、下方の胸骨（9〜12番）と胸椎（11、12番の棘突起）と腰椎（1、2番の棘突起）に付着しています。

この姿勢ができると、背中の中央のライン（背骨のライン）が凹みます。これで、あたかも襟元から二本の足が生えたかのように見えます。これを襟足といったのでしょう。この襟足の美しさが、着物を召したときの女性のチャーミングポイントとなりました。

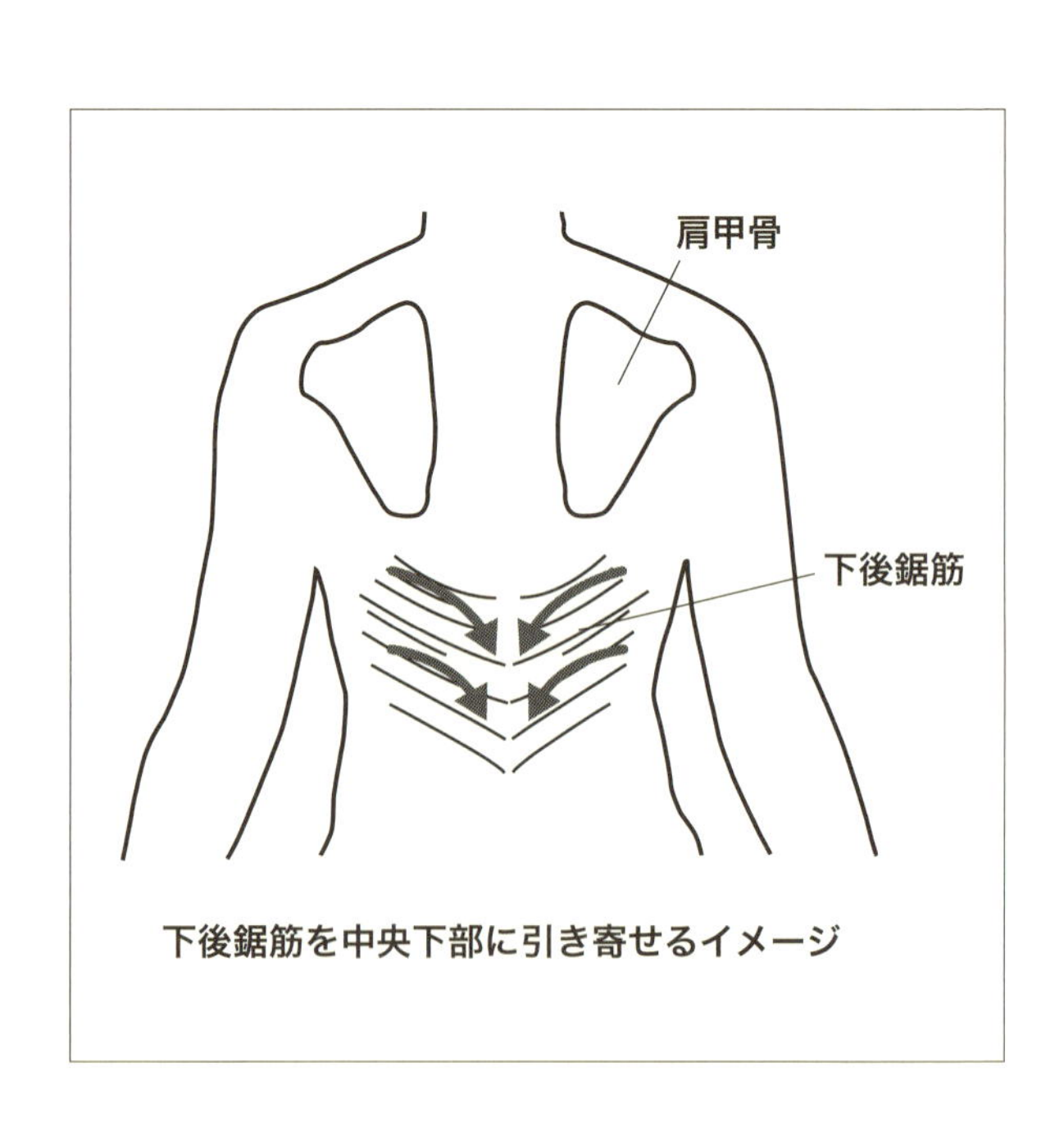

下後鋸筋を中央下部に引き寄せるイメージ

骨盤に腰紐を巻く

足先を開いて、いわゆる八の字で立つと、骨盤の前側が開いて腰も反りやすくなります。そこで、骨盤の前側を閉じるようにして、足を平行にして腰幅で立ちます。

それを補助するために、骨盤に腰紐（こしひも）を巻いてみましょう。骨盤を締めると、とても気持ち良いことに加えて、重心が踵に移ることがわかるでしょう。骨盤を緩めると元に戻るのもわかります。

昔の男性は骨盤を帯で巻きましたから、これで踵重心だったことが再確認できます。朝起きたときに前屈みになるようでしたら、骨盤を紐で締めてみてください。体が立ってシャンとなります。

女性も同じです。「女性のきものは腰紐一本で着る」「腰紐をしっかりしめると着崩れしない」などと、昔の正しい着方を提唱する笹島寿美氏の『一人でできる着付け入門』には、『腰紐は、前は腸骨、後ろは第四腰椎を通過させて』（64頁）とあります。これを横から見ると、斜め前下がりに締めています。これが正しい腰紐の締め方になることは、試すとわかります。

男性も袴の上から帯をこのように締めている画像があり、格好が良いと思いました。

たすきを掛けて胸を広げる

柔らかい紐で、「たすき」を掛けることもお勧めします。昔は、体を動かすときには「たすき」を掛けました。それによって胸が広がり、肩が下がり、肩甲骨の下側が寄ることが実感できます。体の細胞にこの姿勢の気持ち良さを記憶してもらうためですから、強く締める必要はありません。気持ちが良いので、体はその姿勢を保とうとします。

ちなみに、紐の代わりにゴムなどで矯正する整体用品も売られていますが、ゴムだと体が緩めばさらにまた食い込んできますから、逆効果になります。

コラム

脊柱を巡る気

鍼灸の経穴（ツボ）の話になりますが、長く強固な骨である脊柱には、督脈という気血（きけつ）が運行する重要な通路があります。督脈は長強（ちょうきょう）というツボ（尾骨の先端）から脊柱を通って頭頂にある百会（ひゃくえ）というツボへ通う路です。全身の陽気が集まる気の通路であることから、諸陽の長と呼ばれます。尾骨の先端のツボである長強は、気が強く盛んなことからこう名付けられています。

3 ◉ 脊柱を陸にした姿勢の長所

踵重心で立つとアワ量が増える

協力者に頼み、足を腰幅にして、足先を浮かせ、踵（きびす）に体重を乗せて立ってもらいます。そして、その方の腰の辺りを後方から抱えてゆっくりと真上に持ち上げてみます。しかし、重くてなかなか持ち上がりませんね。全身に気が満ちるからです。

今度は、足先を床に着けて立ってもらい、持ち上げてみましょう。とても軽くなります。「正しい立ち方は、つま先で地面を掴むようにして立つ」と教わったことがある人もいると思います。しかし、つま先を床に着けると身体が軽くなり、簡単に持ち上げられてしまいます。

逆に身体が重くなると、自身としては軽々と動けます。それは、アワ量が増えて、カムの力が増えるからです。

「地に足がつく」という言葉は、しっかりとしていて落ち着いた様子を表しますが、このように身体が重くなって踵が地から離れないほど、アワ量が満ちた状態をいうのでしょう。

押された力は踵から抜ける

足を腰幅に開いて、マノスベの姿勢で立ち、両手を前に出して、誰かにその両掌に徐々に力を加えて押してもらいます。すると押された力は踵から床に抜けます。これを体がいったん覚えると、その後は自然に踵から抜けるようになります。

マノスベの姿勢は、押される力ばかりでなく、自分の重さも腰で受けずに踵から抜けるので、腰に負担を掛けません。

試しに、反った腰で同じことをしてみましょう。力は反った腰に集中するので、あっけなく押されてしまいます。

マノスベの姿勢で立つと、押されてもその力が床に抜けていく。

マノスベの姿勢を試す

①普段の姿勢で立って、顔を左右にゆっくりと回してみて、どの辺まで回るかを確認します。マノスベの姿勢で立って同じことをすると、首がよく回ることがわかります。

②足先を床に着けて立ち、力を入れずに両腕をゆっくりと後方に上げてみます。どこまで上がるかを確認します。次に、マノスベの姿勢で立ち、同じことをしてみましょう。先ほどよりもよく上がります。

③マノスベの姿勢で立ちます。肩甲骨の下側を寄せて、うなじを直（なお）にして「アー」と小声で発声してみましょう。楽に発声できます。ところが、少々首を前に倒しても後ろに倒してみても響かなくなります。うなじの正しい状態を知るには、このように発声して確かめると良いでしょう。

マノスベの姿勢で副交感神経が働く

気血（きけつ）という言葉があります。これは、気が満ちると血の巡りが良くなり、体が温かくなることをいいます。

森林に入って木々の気を受けると、爽やかで長閑な気持ちになります。このときには副交感神経が働き、健康の遺伝子スイッチはオンになります。

都会の騒然とした中を歩くと、イライラとした気で満ちています。それを受けて気持ちも落ちつきません。そんなときは交感神経が優位に働くので、生育再生の遺伝子スイッチを一時的にオフにしてしまいます。

健康のことを考えても、副交感神経が優位な時間が長いほうが良いはずです。

副交感神経と交感神経、それぞれが優位な状態とそれらの働きをまとめたのが次の表です。これでわかるように、魂合氣を行っているときは、副交感神経が働いています。魂合氣は交感神経が働くと効かないので、その都度、副交感神経状態に切り替えているのです。

	副交感神経	交感神経
心	穏やかになる	急ぐようになる
手足	温かくなる	冷える
筋肉	柔らかくなる	固くなる
呼吸	深くゆっくり	浅く速く
視野	広がる	狭くなる
瞳孔	縮小	拡大
消化	促進	停滞
血糖値	下がる	上がる
血圧	下がる	上がる

巌流島を思う

宮本武蔵が、ツバメ返しという早わざを身につけた佐々木小次郎と舟島（巌流島）で果し合いをした際に、武蔵と小次郎の両者がすれちがったと思ったら小次郎が倒れていて、周りで控えていた細川藩士は、何があったかわからなかったといいます。そう記された細川藩士の日誌が見つかったことを、新聞で読んだことがありました。

武蔵は合気を習得していたことが、『五輪書』からもわかります。武蔵は合気のことを、『うつらかす』いう言葉で説明しています。『ゆるりとなりてみれば、敵も我ことに受けて、気ざしたるむものなり』（『五輪書』）とあります。これが合気であり、猫の妙術の老猫の話にも通じますから、小次郎の剣は、動かなかったと思います。

風帆の歩き

なぜ地面を蹴る歩きに変わったのか

鼠径部を緩ませれば体は緩みます。古来の日本人は、感受性に優れていましたから、鼠径部の緩んだマノスベの姿勢を保って歩くことの良さをわかっていたでしょう。これが風帆の歩きです。

風帆の歩きとは、『五輪書』に記されたマノスベの姿勢を保って歩くことなのです。「はじめに」でも書きましたが、そのように歩く様子を見た人が、「船が帆に風を受けて進んでいるみたいに滑らかですね」というので、私はこれを風帆の歩きと命名しました。頭も体も揺れずに、つまずいても転ぶことがなく、疲れも少ないので、まずはこの歩きを稽古していただければ、今後の人生に大きな成果を上げるでしょう。

現代人は、つま先で地面を蹴って歩きます。この歩きに変わってしまったのは、皮靴を履くようになったことと生活様式の変化で、脊柱が反って、マノスベの姿勢ではなくなったことが大きいと思います。

現代人の歩きは、立つ足（立っている足）を前に倒しながら、そのつま先で地面を蹴って歩きます。そのときに振り出した足と一緒に腰も上体も移動するので、重心は常に前に掛かります。そこで、つまずいたときには転倒しやすくなるのです。

かたや、風帆の歩きは鼠径部を緩ませて、股関節から足を振り出します。そのときには、腰も上体も移動させません。その足が前に着いてから、腰も上体も移動します。つまり半テンポ遅いのです。

現代人の歩きを後輪駆動、風帆の歩きを前輪駆動と例えることがありますが、歩きが体で理解できたときには、なるほどと思うでしょう。

風帆の歩きは、つま先で蹴らないので頭が上下しません。坂道の上り下りも楽になります。こんな素晴らしい歩きを昔の日本の人は、自然に確立していました。

下駄を履くときには鼻緒に深く指を入れません。地面すれすれの高さで下駄を運びます。カランコロンと引きずるような音が、日本人の歩きでした。体を鍛えて、筋力で歩く現代人の歩きとは異なります。

これをカタカムナの物理で解くと、アワ量（カムウツシ量）を多くして、カムの力を使います。あらゆる現象は、カムの力が変遷して、現象に発現します。発現と還元（元の力に換える）は、パラレルに同時に超高速で進行しています。現象の正体はウツシツミ（潜象界面から発生した個々の粒子）なので、そのウツシツミの量を増やして、体の中のイ（電子）の働きを高めて身軽に動けるようにすることですから、運動の原理とは異なります。

しかし、そのことに気づかないまま靴文化が浸透して、下駄や草履を履くこともなくなり、根源（カムのカ）から変遷（ウツシ）される力を使う歩きができなくなってしまいました。

風帆の歩きの詳細

昔の人は、歩くというよりも、足を運ぶと言いました。いかにも丁寧な感じがします。この歩きの歩きやすさを知っていただくために、次のように姿勢を作ってみましょう。

肩を後方に引いて両肩を下げ、肩甲骨の下側を寄せます。背中下部を中央に引き寄せて、肩甲骨を引き下げる感じです。これは、下後鋸筋で下部の肋骨を背側中央下方に引っ張るとできます。背側中央を引き下げると、鼠径部も膝も緩みます。

こうして姿勢を作って歩いてみましょう。体も前に倒さずに、蹴らずに歩けます。この歩きを、もう少し詳細に説明します。

①左足の鼠径部を後方に押し込むようにして、右足を前に運びます。
②右足の踵の後縁で着地します。足先は背屈（足の甲側を屈める）しています。
③右足の踵の後縁で床を手前に引き寄せると同時に、左足は床から離れます。
④右足の踵の後縁から前方へと体重の掛かる位置が移動します。

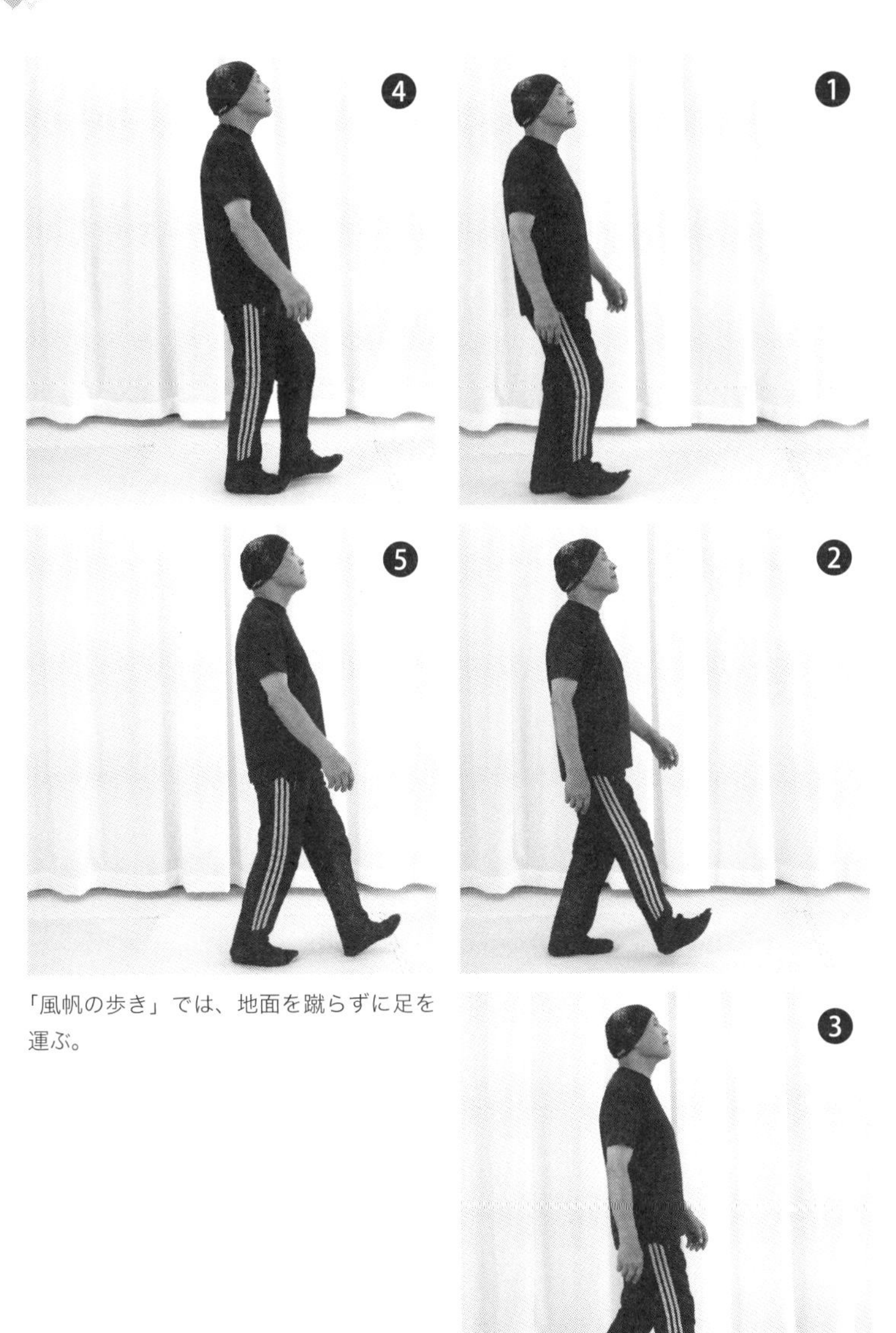

「風帆の歩き」では、地面を蹴らずに足を運ぶ。

⑤次第に右足の下腿が垂直になり右足裏全体が床に着きます。
⑥左足の踵の後縁を床に着けます。
⑦踵の後縁で、床を手前に引き付けると同時に右足を上げます。
⑧歩き始めれば、立つ足の踵の後縁で引き寄せなくても、運び足の動きに従って、立つ足の体重の掛かる位置が、踵から足裏中央へと移動します。

『空より、縄にて吊り下げた』姿勢で歩くと、身軽に歩けます。吊り下げた縄が垂直のまま先方に移動するイメージです。もちろん腰から下はゆるゆるで歩くと、アワ量が増え、体に気が満ちます。

風にのって歩く感じがするのは、根源（カムのカ）から変遷（ウツシ）された力がもたらされたからでしょう。

以上の要点をまとめると、次のようになります

◎背中下部を中央に引き寄せて肩甲骨の下側を引き下げると、鼠径部も緩み、膝も自ずと少し曲がります。
◎踵を擦るように、地面とすれすれに足を運びます。

◎踵の後縁で立ちます。体重の掛かる位置が、後縁から順次前へ移るに従って、立つ足が垂直になります。これと体の前進が同調しています。

◎足は、置くときも上げるときも、足を背屈させます。

◎立つ足の下腿が前に傾かないように、歩幅は狭くします。

風帆の歩きは、運び足の踵の後縁が着いたと同時に、今までの立つ足は引き上がり運び足となります。ゆっくりと歩いたとしても、これは変わりません。常に1本足なのです。1本

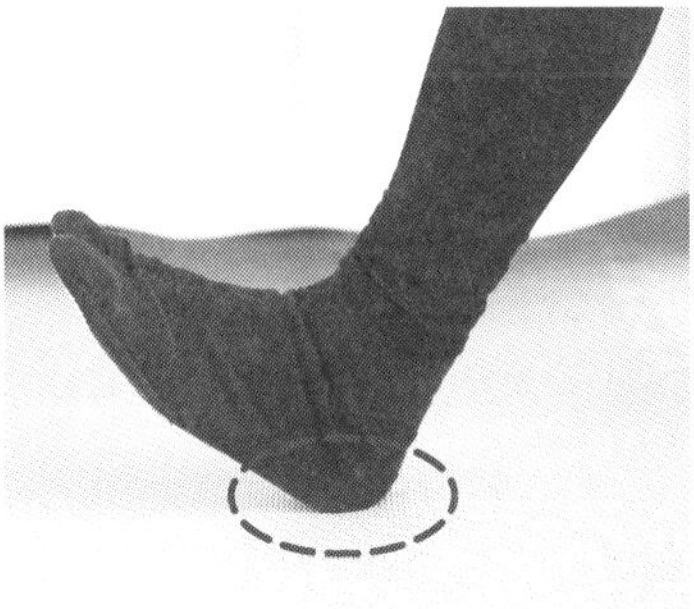

後縁

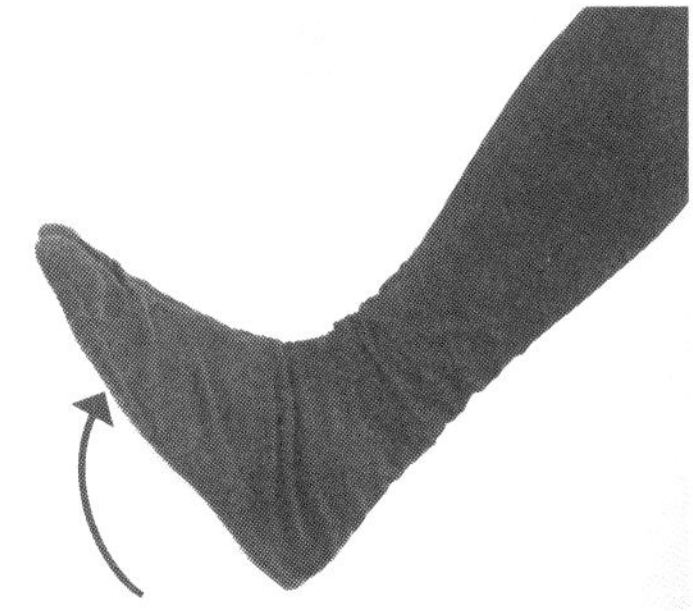

背屈

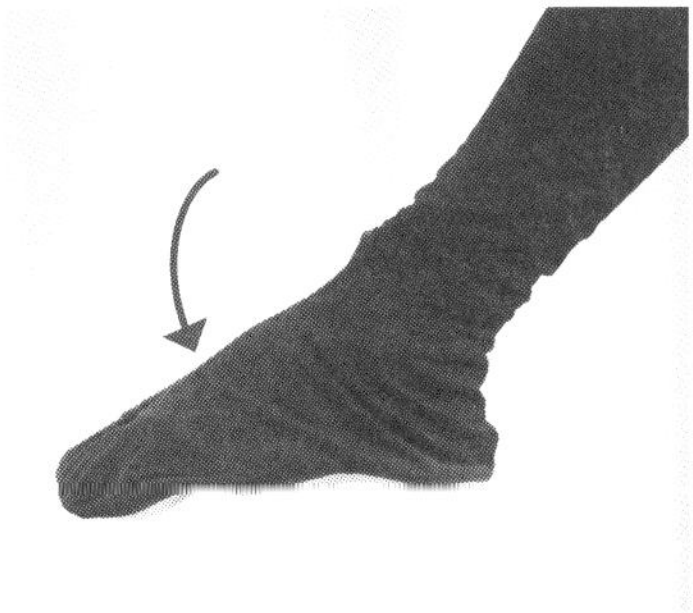

底屈

足は不安定と思うかもしれませんが、このほうが安定しているのです。

歩幅は狭く（40〜50センチほど）が原則です。歩幅を広げると、立つ足の下腿が前に傾きます。前に傾く限度は、膝が足先よりも前に出ないことです。

下腿が前方に傾かないから、バランスが崩れないのです。今までの癖で、大股で歩けば下腿が前に傾きます。下腿が前に傾けば蹴る歩きになってしまいます。

後ろへの方向転換

「踵（きびす）を返す」というのは、後ろへ方向転換することです。次のようにして、右に回ってみましょう（176頁の実践例参照）。

①右足先に左足の内側を向けるようにして着地します。このとき左足先は横向きですが、体は正面に向けたままで、体重もまだ右足に乗っています。鼠径部を緩めて下はゆるゆるとしておきます。

②左足の踵を下ろすと同時に、右足を上げます。すると体は自然に右に回り、さらに慣性で体が回転し、後ろ向きになります。

③そこで右足を着地させて左足を上げます。

後退の歩き

蹴る歩きの癖で後退すると、腰も一緒に動くので、立つ足が後ろに傾いてバランスが崩れ、転倒しやすくなります。

風帆の歩きは、腰を動かさずに、右足を後ろに引いて足先を着けます。着くと同時に左足を上げると、立つ足の右足では、体重が足先から踵へと、順次移動します。そのときの股関節の移動に乗って体が後ろに運ばれます。

足裏の動きで体が運ばれる原理は、後退も前進も同じです。違うのは、前進のときは踵の縁、後退のときは足先から始まる点です。

坂道の歩きが楽になる

風帆の歩きは、山道でこそ、素晴らしさがわかります。平地よりも上り坂のほうが、足とともに腰が出ることもなく鼠径部から気持ち良く曲がるからです。山坂道でも、足を八の字

（足先が左右に広がること）に開かないように平行にして歩きます。上体は前に傾けず、真っ直ぐに立てます。体を前に倒して歩く場合でも、体重が前方に掛からないようにお尻を後方に引いて、踵に体重が掛かるようにします。

急な坂ほど、歩幅を狭くします。着地の際に踵の後縁を強く引き寄せるようにします。下り坂でも、体は真っ直ぐに立てるか、少々後ろへ傾けます。足は背屈させ、つま先に体重が掛からないようにします。

歩くときに、手を振ることは、上体の力みになります。肩を後側に保って、腕は肩関節から自然に揺れるのに任せます。

うなじを直にして、少し見上げた姿勢で歩くと、気分も爽快になります。

風帆の歩きを試す

受けの人に掌を前方に向けて立ってもらいます。取りの人は両腕を水平にして、両手の四指をだらりと下げて、受けのほうにゆっくりと歩いていきます。だらりと下げた四指で、受けの掌に触れて、そのまま通り抜ける気持ちで前進します。風帆の歩きができていれば、抵抗なく受けは後退します。床を蹴る歩きでは、簡単に止められてしまいます。

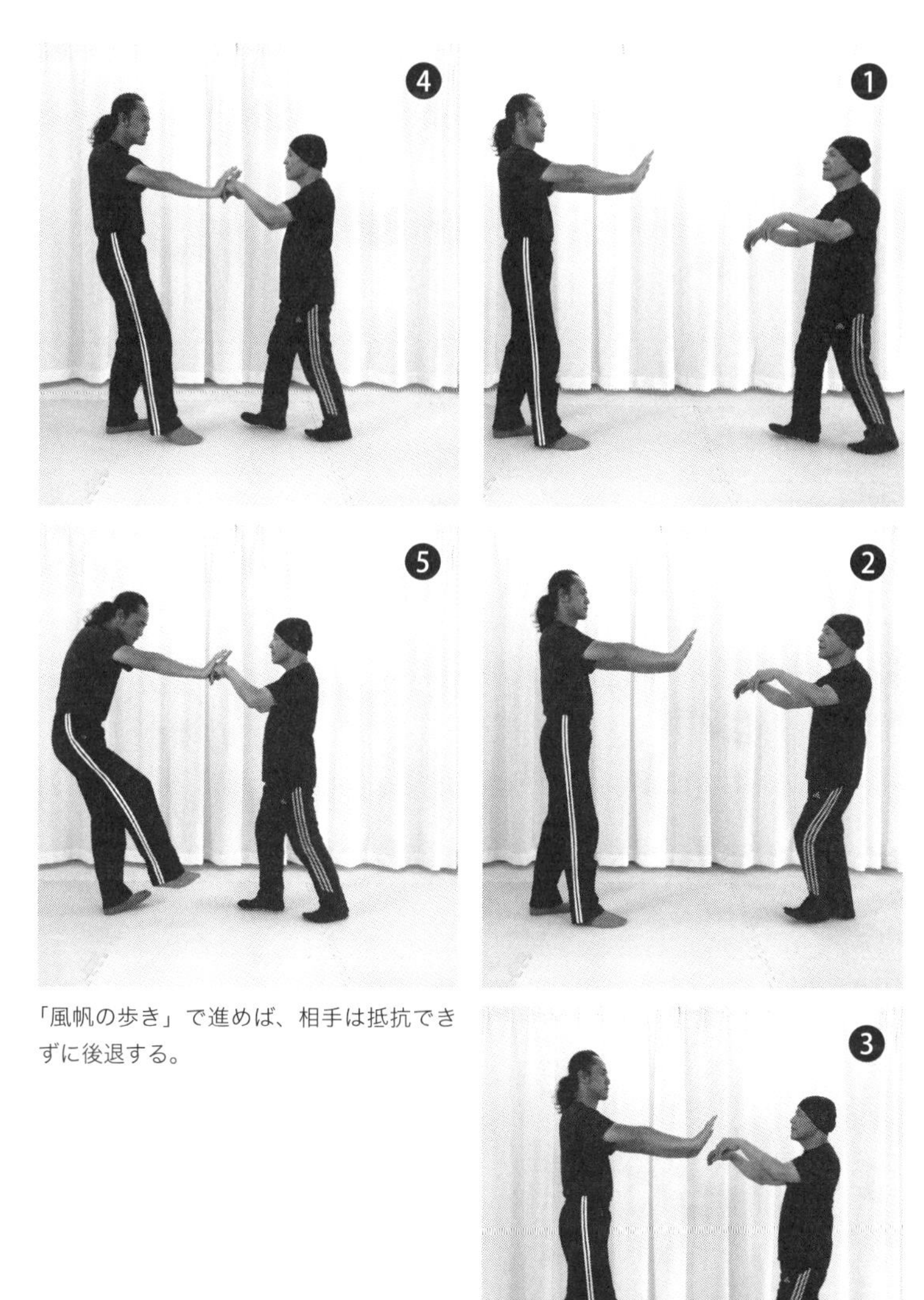

「風帆の歩き」で進めば、相手は抵抗できずに後退する。

下駄を履いて稽古

下駄を履いたときは、下駄の表面と踵が離れないように稽古してください。踵と下駄は仲良く接しています。

①右の下駄先を上向きにして、後歯（下駄の後側の歯）を地に擦るか擦らないかで足を運びます。そして、後歯の角で着地します。そのときは、下駄の前側が上がっていますが、後歯の角を中心点にして下駄の前側が下りていきます。その回転に乗って体が前進します。

②右下駄の着地の際に、後歯の角で地を手前に引き寄せると、同時に左足が地から離れて前に運ばれます。左足が前に移動する動きと一緒に、右下駄の前側が下っていきますが、この動きで体が運ばれます。そして前歯が着地し前後の歯で立ったときに、右足の下腿が垂直になります。

③今度は、運ばれた左足の下駄の後歯の角で着地しますが、同時に右足の下駄が上がります。以上を繰り返します。

「下駄を擦るように歩いて、歯が減らないですか？」と聞かれますが、昔の人は、減るよ

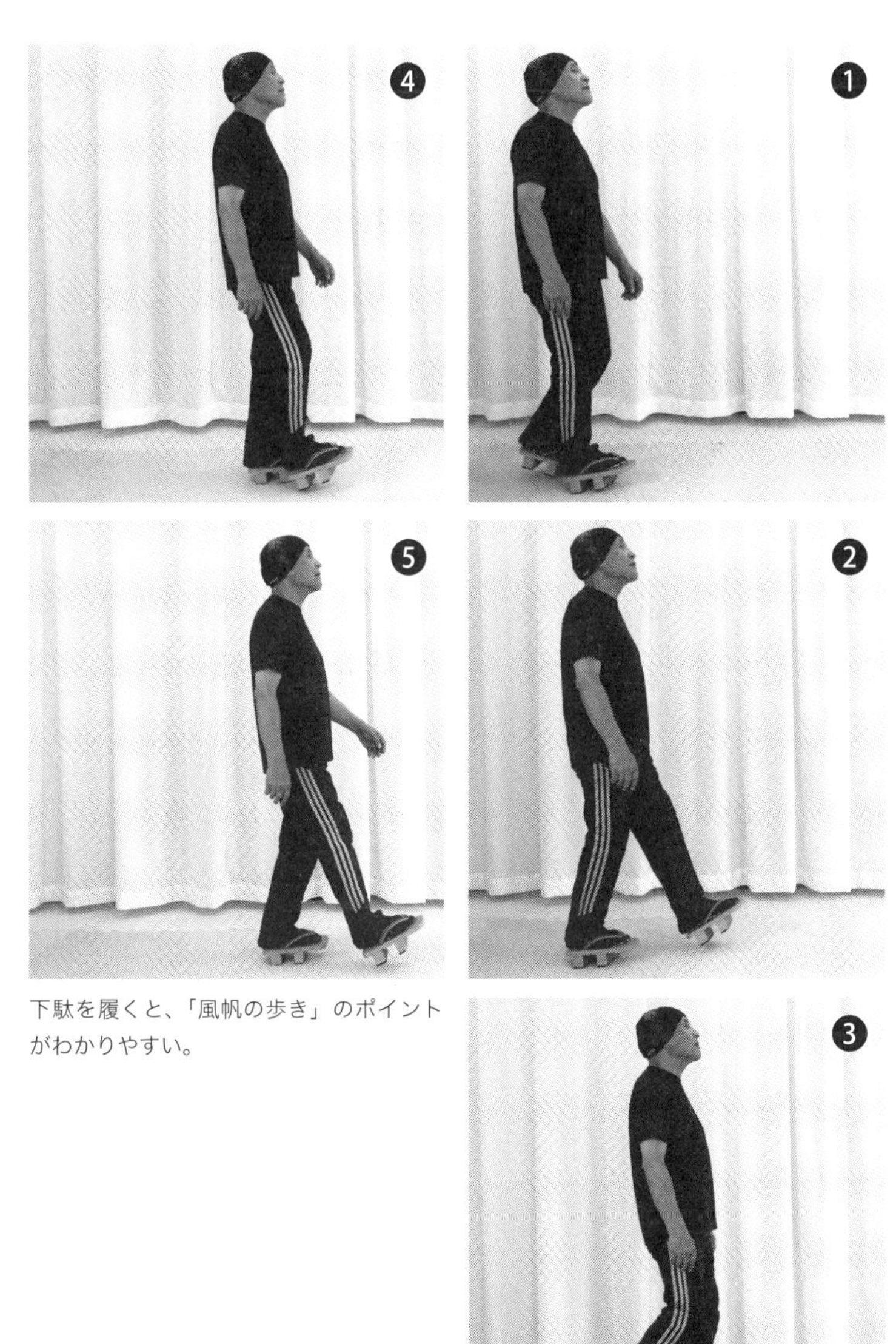

下駄を履くと、「風帆の歩き」のポイントがわかりやすい。

うな歩きはしません。歯が減るのは、地を蹴ったり、足を上げたりするからです。前側の歯や下駄先がすり減ってしまうのは、蹴る歩きの典型です。風帆の歩きで、前側の歯や下駄先が減らないように歩きましょう。

江戸の人たちが下駄を履くときは、指先に鼻緒を軽く入れました。これが粋(いき)で、鼻緒に指を深く差し込んで歩くと無粋(ぶすい)（やぼったい）といわれました。

昭和の話ですが、着付けの先生が「近頃の人は、鼻緒に、何であんなに指を深く入れるのでしょうか」と、嘆いていたと聞きました。蹴る歩きになってしまったので、深く入れなければ脱げてしまうからです。

下駄でも、草履でも、鼻緒に指を深く差し込むと、指に地面を掴むような力が入ります。すると腰も力みます。こんなことでも腰が力みますから感受してみてください。

下りの坂道で、足を底屈（足関節から足先がぶら下がる）して歩くと、指先が鼻緒に食い込み、指又が痛くなります。なので、平地を歩くときにも、背屈させて、指先が地面に着かないようにしたのです。

江戸の人が、鼻緒に指を深く差し込んで歩くことを無粋といったのはさすがで、勘(感受性)が良いのです。

高下駄には、2本歯と1本歯があります。どちらもうまく歩くには稽古が要りますが、風帆の歩きを稽古するには、2本歯が良いでしょう。1本歯は、蹴っても歩けますから、風帆の歩きの稽古には向きません。

現代は、コンクリートの道路ばかりなので、朴歯（ほおば）のままで歩くと歯がすり減ってしまいます。下駄を買ったときには、歯の裏に多用途超強力接着剤で5ミリのゴム板を貼っておきましょう。そうすると、貼り替えることもできます。あるいは、買ったお店でゴムを貼ってもらってください。歩きがうまくなると、ゴムも長持ちします。下駄音もしないので、お店にも気軽に出入りできます。

腰から上を揺らさずに歩く

現代では1本線上に足を運ぶ人を多く見かけますが、美しい歩き方と思っているのでしょうか。これは、足の内反（足の外側で着く）から外反（足の内側で着く）へと揺れる動きが伴いますので、この揺れを続けていると足首や足が捻れてしまいます。そのせいか、整体の先生から「足が捻れて、両脚の長さが違ったり、膝を痛めたりしている方が、とても多いです」と聞きました。2本の線上を平行に歩きましょう。

２本線の幅はできるだけ開きます。これで頭を揺らさずに歩けるようになると、足から腰に掛かる負担（衝撃）も随分と少なくなります。

また、１本線上を歩いたときと呼吸を比べてみると、とても気持ち良い呼吸になっていて、これが自然だと感動するでしょう。

足首が揺れる人に下駄を履いてもらうと、不思議に揺れなくなりました。下駄は横に広くて固いことと、鼻緒に自由性があるからでしょうか。自ずと２本線上を歩くからでしょうか。内反から外反へといった動きも見えなくなりました。下駄で歩いた頃の人たちは、足が捻れることも少なかったでしょう。

また、運んだ足裏の前後をペタリと同時に着けて着地する人も多く見かけます。同時に着けると、膝や股関節への負担も大きくなります。

靴は、足を挫かないように工夫されていますので、雑な歩きでも歩けてしまいます。足首に負担が掛かる歩きでも気づきませんから、足を不調にしてしまいます。足の不調は、足だけにとどまりません。腰、胸、肩、首、頭部といったところも不調にしてしまいます。

歩き方も体の動かし方も丁寧に行うと、アワ量が増えて、健康にも良いのです。

ただ「歩けば体に良い」と思って、そのことを知らずに歩いても、雑な歩きでは、かえって体を早く壊すことにもなりかねません。歩き方は大切なのです。

歩きの本質は、腰から上の体をいかに大事に運ぶかです。腰から上ですから、神輿（みこし）と呼びましょう。「神輿を揺らさずに、転倒させずに、丁寧に大切に運ぶ」。そんな気持ちで歩けば、自ずと、良い歩きになってきます。

内臓脂肪を減らす

体脂肪を燃やしてカロリーを消費させる目的でウォーキングをされる方も多いようです。それならば、風帆の歩きが適しています。「腹回りが7センチ減った」とか「腹の両脇が凹んだ」などと、それほど歩いていない方が言っていました。実は、お腹を上下に張ることと、背中下部を中央に引き寄せて、骨盤を後方回旋させた姿勢が、内臓脂肪を落とします。

風帆の歩きは鼠径部から動きますが、このときに腰を動かしませんから、腸骨筋、大腰筋などの深層筋が働くように思います。ちなみに、歩幅の大きい蹴る歩きでは深層筋は働いてくれません。大腿直筋などの、腿（もも）の前側の筋肉が働いてしまうからです。

風帆の歩きができると

風帆の歩きを稽古した後で、下駄を履いた女性が「ワアッ、胸が広がる。この姿勢は、何と気持ちが良いのでしょう」と感動していました。このような素晴らしい履き物を生み出した日本の文化に改めて感動しました。

この方は、アパレルの店で1日中立ち仕事をされていますが、風帆の歩きに変えてから、「疲れ方が以前とは雲泥の差です」と言っていました。風帆の歩きは山歩きも疲れません。膝が笑う、足の甲が腫れる、太腿(ふともも)の前側（大腿直筋など）が腫れることもなくなります。蹴らないから、足の甲にも負担が掛かりません。重い物を背負って歩くのにも適しています。ちなみに、重い物を背負うには、足幅（左右の間隔）を腰幅に広げます。

日本独特の鼻緒と着物の文化

地面を蹴らない歩きは、日本の風土や風習から生み出された姿勢とともにありましたから、裸足の頃も蹴らないで歩いていました。

昔は、能、神楽、茶道、舞、剣術、柔術、職人、そして担ぐ仕事、これらの技能は蹴らない歩きの上にありました。しかし、現在は歩きが変わってしまい、伝統技能の長所や素晴らしさも、失われつつあります。

昔の神輿は踵（きびす）で担いだので、草鞋（わらじ）の後ろは減っても、先が擦り切れることはないし、上下に揺らさないので肩にコブを作ることもなかったと聞いています。

「駕籠（かご）に乗る人担ぐ人、そのまた草鞋を作る人」という歌があります。駕籠という日本固有の乗り物が江戸時代に普及したのは、上下に揺れなかったからです。駕籠かきの草鞋も、先ではなく踵が減りました。

茶道歴40年の師匠に風帆の歩きを伝えましたら、すぐにできました。昔は茶道で歩きも教えたとのことで、体が覚えていたのでしょう。感心したのは、歩きを横から見ると、足は体の後方には残らず、体の前方だけで動いているように見えます。これが上手な歩きです。蹴る歩きを横から見ると、足は体の前方と後方に同等に開いて見えます。

日本は山国で、急な坂道も少なくありません。坂道の上り下りこそ、膝や腰に負担の軽い風帆の歩きが適しています。今はトレッキングのときに、短い2本のストックを持って体を前傾させて歩く人が多くなりましたが、昔の山伏たちは、真っ直ぐに立てた長い六尺棒を基準に、脊柱を直にして山中を歩きました。このほうが気持ち良いでしょう。

昔は山中での合戦も多くありました。足場が悪いといっても、合戦の最中に転んだら命を取られます。そこで、転ばない歩きは必須でした。

風帆の歩きには、鼠径部から曲げて、上体を傾けた姿勢もあります。このときも、骨盤は後方回旋して背中側が下方向に伸びています。下腿は前に傾きません。この姿勢は、広重の浮世絵などでも多く見かけます。獅子舞神楽などもこの歩きです。

昔の履き物は、下駄、草鞋、草履（ぞうり）、高下駄、雪駄（せった）でした。着物と鼻緒は世界に類を見ません。お隣、朝鮮半島の草鞋でさえ、スリッパのように先が覆われています。日本の草鞋は、踵の方を丸く覆います。歩き方の違いなのです。歩き方の違いが、着物という独特の服装を生み出したのです。

草鞋1足で、どれほど歩けたでしょうか。江戸時代に、旅人が1日に歩いた距離は平均10里（40キロメートル）といわれています。草鞋1足で3日、30里（120キロメートル）は歩けたようです。足を上げなければ長持ちします。

草鞋は、鼻緒が最先端に付いているので、指先は草鞋の外に出てしまいます。そのため指先で地を蹴ることができないので、疲れないのです。

昔の日本人が長距離を楽に歩けたのは、姿勢とつま先が浮く草鞋の素晴らしさにありました。

坂道の多いところで草鞋で蹴る歩きをすれば、指先が地面に着いて擦れてしまい、長くは歩けません。下り坂も指の股に鼻緒が食い込んでしまい、皮膚が剥けてしまいます。

草鞋はつま先が覆われずに自由に動けますから、外反母趾もなかったでしょう。

江戸時代までの日本人は、とてつもない体力があったと思うのは、外国文化の考え方です。体力という考え方ではなく、マノスベの姿勢によるカムウツシ量（アワ量）の多さなのです。それによって、エネルギーとして必要な電気（イカツ）の発電力と、アワによる回復力があるからです。

なぜ指先を浮かすか

男性の帯や、女性の腰紐を締めると、踵に重心が移り、指先が浮きやすくなることもわかりました。

「ヒダリミギリノ　タナカヒノマ」というカタカムナの言葉があります。この意味は、タナをタナココロ（掌）とすれば、タナカヒは合掌の形と取れます。現代のように掌を合わせるのではなく、左と右の掌の間を開けた形が古代人の合掌の形でした。なぜ掌を合わせないのでしょうか。それは、間を開けると、マに発生する粒子（ウツシツミ）が増えて、電磁波の輻射圧が高まるからです。

ちなみに、魂合氣の実践でも、掌をいきなり受けの体につけずに、しばし間を開けると、こちらの一意が伝わりやすくなります。つまり、電磁波を使って、受けの細胞の心と同調するのです。

さて、足の場合も掌と同じとすれば、足裏中央の土踏まずと、指先から気が出ています。扁平足が疲れやすいのはなぜかというと、足裏が地に着いてしまい、マに発生する粒子（ウツシツミ）がなくなるからと考えられます。

同じように指先も着けてしまうと、指を巻いて発生する電磁波（気）がなくなってしまいます。ということで、感受性の高かった古代人は、指先を浮かすと、疲れにくくなることがわかったのでしょう。

ちなみに、マラソンでは、踵を着けずにつま先だけで走るランナーも出ています。つまりスポーツは、筋肉をつけておくことで、そのエネルギーを使って走りますから、一度走ると何キロも体重が減ります。これは、サヌキ系ということです。サヌキとはミギリ（右）のことですから、ミとして発生（キ）した（リ）電気を使います。ミキリして（身を切って）いくのです。

古代の日本人の状態はアワ型であり、アワはヒダリ（左）のことです。ヒダリとは、ヒ（カム）から独立した（タ）ヒを分けていただく（リ）ことで、ヒが足りるのです。

例えていうならば、発電ダムのようなものです。電気の発電が足りるので、発電した電気を様々な働きに変えることができます。そこで鍛えて体力をつけなくても疲れないのです。それが根気になりますから、昔の人の様々な作品には根気強さを感じます。

つま先を着けるのはサヌキ型のスポーツであり、踵を着けるのはアワ型の合氣（あわのき）ですから、どこまでいっても、あべこべがついて回ります。

猫の妙術

『猫の妙術』は、佚斎樗山子（いっさいちょざんし）というペンネームで関宿藩士、丹羽十郎左衛門が書いた江戸時代の書物です。いろいろな方々が取り上げていますし、ネットでも読めますので、内容は省略させていただきます。猫の妙術の中に、『年老いた猫を、部屋に入れると、その猫は何をするわけでもなく、のろのろとネズミのそばまで行き引きくわえてきました』とあります。このようなことは、風帆の歩きとむすびで可能です。体が左右にも上下にも揺れずに無心で近づくと、反応できないので動けないのです。

この書の中で、武芸を志してきた猫たちに古猫が諭す言葉が、魂合氣の要点と同じなのです。〈次頁へ続く〉

❶あなたの修行してきたことは、形や動作だけです。そのために、いまだに狙う心が取り去られていません。

❷あなたが行ってきた気の修練は、気迫、気合いといった、気持ちの強さを用いているにすぎません。

❸あなたの語る和は、自然の和ではなく、思いで作った和にすぎません。無心で応じるのではなく、自分の思いで対応しようとすれば、それが、自然な関係を壊す原因であり、敵という思いを生じさせます。

❹心が片寄ることなく、疑わず、惑わず、自分の才能や考え方を用いず、気持ちを穏やかにして、とらわれることもなく、冷静沈着な状態を常に保てれば、臨機応変に対応できます。

❺わずかでも心にとらわれがあると、気もまた片寄ります。気が片寄ると、気が滞りなく広々と行き渡ることができません。

❻とらわれのない状態とは、心に思いがなく、気の片寄りもないことであり、それは敵もなく自分もないことです。

❼我があるから敵もいます。我がなければ、当然敵もいません。敵とは、彼我という思いから生じます。

❽ただ、思うことなく、自分で行為することもなく、自然の動きである体の感覚に従って動くときには、自分という形がありません。自分がないときは、敵と自分という彼我の関係も生じないから、自分に敵対するものはありません。

老猫が語るように、思うことなく、何もしようとしない、感覚に従って動くことが理想です。何かを考えると、力みが出ます。力みは対抗心や張り合う気持ちと同じです。行為することなく、ただ感じている。そんな心境が理想的です。そうなったときに、神の働きとしか思えない現象が生じるのです。

我と敵という相対関係が消えないまま、老猫のいうことを実行しようとしても、スポーツの理論では矛盾が生じて、実行できないでしょう。猫の妙術の極意は、その相対関係を超越したところにあるのです。

第3章

日本人の呼吸
——密息（仙骨呼吸）

1◉昔の日本人には普通の呼吸だった密息

和服を着て帯でぎゅっと腹を締めて、それを脱ぐときに今の人たちは、「ああ息苦しかった」と言います。現代人の腰を反らせた姿勢では、腹式あるいは胸式呼吸しかできませんから、息苦しくなってしまうのです。

では、昔の人も息苦しいと思って着付けをしたのでしょうか。そんなことはありません。歩くときに、現代人のように腰を捻りませんから、帯は緩く締めても、着崩れしなかったのです。

腰紐の締め方も理に適っていました。『一人でできる着付け入門』(笹島寿美著)に、『腰紐は、前は腸骨、後ろは第四腰椎を通過させて締める』『女性の着物は腰紐一本で着る』『腰紐をしっかり締めると着崩れしない』等といった内容が書かれていますが、これが昔の人たちの正しい着付けだと思います。

男性の帯もこの腰紐の締め方も骨盤を締めますから、重心は踵にいきます。そして、足も八の字に開かず、正しい姿勢で歩くことができます。

昔の日本人は腰を反らさず、腰が陸でしたから、お腹が筒状で、お腹の中が広く、横隔膜が下りやすくなっていました。そのため、腰椎を少し下げて仙骨を膨らませる密息も、自ずとできたのです。

このような姿勢を作ってみましょう。

まずは下後鋸筋を作用させて、下部の肋骨を背側中央下方に引き寄せます。肩甲骨の下部を寄せる感じです。このときに脊柱の下部を下方に引っ張れると、鼠径部も膝も緩みます。

こうしてマノスベの姿勢ができれば、腹式呼吸ではなく、密息（仙骨呼吸）も自ずとしやすくなります。

マノスベの姿勢を保って歩くのが、風帆の歩きです。歩きながら腰椎を少し下げて、仙骨に息を吸い込んでみましょう。少し歩いてから腰椎を戻すと息は出ますので、また腰椎を下げて息を吸い込みます。

少し慣れたらお腹に手を当ててみると、お腹が波打たないことがわかります。息苦しくもなりません。歩きと相まって自然な呼吸ができているのです。

2◉横隔膜と呼吸の仕組み

みぞおちに指を当てて、肋骨に沿ってぐるりと背中側まで回してみましょう。

半球の形をしたドーム型の横隔膜の下辺は、この道筋に沿って付着しています。ドームの下辺は水平ではなく、最も高い位置がみぞおちの辺りです。そこから左右に肋骨の縁に沿って八の字に下がり、さらにぐるりと背中側に回り込みます。

腰椎の1〜4番に付着している横隔膜は、弓状靭帯（きゅうじょうじんたい）という名がついていて、これを引き下げれば横隔膜が下がります。骨盤を回して腰椎を引き下げれば息が入りますから、密息は体の構造に適った呼吸法なのです。

3◉密息の仕方

立って密息を稽古する

昔の日本人の姿勢であれば密息はできましたが、現代人の腰は反っているので、腹式や胸式呼吸しかできません。

そこで、まずはマノスベの姿勢で立ちます。片方の手の甲を腰椎に当て、もう片方の掌をお腹に当てて呼吸してみましょう。

吸気のときには、手の甲で腰椎を引き下げて骨盤を後方回旋させますと、数センチ腰椎が下がります。すると横隔膜も下がって息が入ります。仙骨を意識して、そこへ息を吸い込みます。腰椎を元に戻すと、息は自ずと出ていきます。これを繰り返してみましょう。

骨盤を後方回旋させて、弓状靭帯を引き下げて息を吸い、これを緩めて息を吐きます。これも慣れれば、自然に腰を下げて仙骨を広げる動きができてきます。

密息は、最小限の力で深い呼吸ができます。また、微妙に呼吸を変化させることもできます。

それは胸や腹や腰に無駄な力が入らないからです。呼吸が楽ですから、体が力みません、体が力まなければアワ量が増し、気も豊富になって疲れを取ってくれますから、日本人の勤勉さ、長い時間働いても疲れない国民性が生まれたのでしょう。さらには、微妙さを極めていくことに長じ、働くことが楽という、世界ではまれな独特の労働感覚が育ったのでしょう。

仰向けで密息を稽古する

仰向けに寝て密息をしてみましょう。

①床の上に仰向けに寝て、膝を立てます。
②足底で床を押して骨盤を後方回旋させると、腰が床に密着します。その際、そこに息を吸い込むと密着した腰が膨らみます。
③足底の力を緩めて骨盤の後方回旋を緩めると、息は自然に出ます。呼吸の間隔をいろいろと変えて行ってください。

寝たときの呼吸を観察する

多くの人は寝るときに腹式呼吸をしていると思いますが、仰向けで寝ている人、特にお腹が出ている人は、呼気が非常に速くなっていませんか。吸気は2～3秒、呼気は1秒、そして3～4秒休む。こんな呼吸になっているとすると、それは、お腹を持ち上げることがきついのですぐに戻して、何秒か休んで吸気に入るからです。

この場合、骨盤の状態が前方回旋（前傾）していますので、骨盤を後方回旋させて床に密着させてみましょう

そのためには、膝を立てて寝ます。すると骨盤の後方回旋が保てます。こうして腰を陸にして、腰を布団に密着させます。そして、密着した辺りに息を吸い込んでみましょう。すると、そこが吸気とともに膨らむようになります。

こうなると、吐き終わった後に、すぐに吸い始めることにも気づかれたでしょう。これで呼吸のリズムが正しくなり、吐く息もゆっくりとなり、寝息の音も小さくなります。背中を陸にすると呼吸は楽になります。試してみるとすぐにわかるでしょう。

背中が反っていると、吐き終わった後に息を止めている時間ができます。これは不自然ですから、呼吸を観察して正しい呼吸で寝るようにしましょう。

呼吸の仕方が悪いと、起きたときに体が痛むことにもなります。これは布団が悪いのではなく、呼吸のせいなのです。動物が仰向けに寝ないのと同じように、人も横向きで背中を丸くして寝たほうが自然なのではないかと思います。

密息で瞑想をする

平安時代に笛などを吹くときの姿勢、やんごとなき人の肖像画で時々見かける姿勢ですが、足を前に投げ出して踵同士を着けます。足先は開いていて構いません。あまり引きつけずに、菱形の楽な姿勢で座り、重心は脊柱の下辺に掛けます。

一般に胡座（あぐら）のことを安座（あんざ）といいますが、落ち着いて座ることを意味するようですから、ここではこれを安座と呼びます。

胡座は左右対称ではありませんが、安

安座

座は左右対称なので中心ができます。意識を仙骨において腰椎、仙椎を丸くします。吸うとさらに丸くなる感じです。上体はすっかり緩みますから、小さな呼吸でも息は苦しくなりません。うなじを直にして瞑想を行ってみましょう。体の力みがないので、無心になりやすいのです。

4◉密息を生かした極意

日本の弓術から学ぶ密息の力

『日本の弓術』と『弓と禅』とは、オイゲン・ヘリゲルというドイツ人が、大正時代の初めに阿波研造師範から弓術を習ったときのことを書いたもので、今でも出版されているロングセラーです。この中で師範は、弓を射るときに大切な要点を、こう教えています。

『弓を射ることは、筋肉を強めるのではないことに注意してください。弓の弦を引っ張るのに、全身の力を働かせてはなりません。そうではなくて、両手だけにその仕事を任せ、他

方腕と肩の筋肉はどこまでも力を抜いて、まるで関わりのないようにじっと見ているのだということを学ばねばなりません。これができて初めてあなたは、引き絞って射ることが精神的になるための条件のひとつを満たすことになるのです』（弓と禅）

同様の事が『日本の弓術』にはこう書かれています。

『弓術はスポーツではない。したがってこれで筋肉を発達させるなどということのためにあるものではない。あなたは弓を腕の力で引いてはいけない。心で引くこと、つまり筋肉をすっかり緩めて力を抜いて引くことを学ばなければならない』

全身の力を使ってはならない、また、肩や腕の力も使わない。筋肉をすっかり緩めて力を抜いて引く。両手にその仕事を任せる。スポーツではないのだから力を使わない。心で引く。などとあるので、現代人の常識では、その訳や道理がわからないでしょう。

さらに、呼吸については、『日本の弓術』には次のように書かれています。

『あなたが弓を正しく引けないのは、肺で呼吸をするからです。腹壁が程よく張るように、息をゆっくりと圧し下げて、痙攣（けいれん）的に圧迫せずに、息をぴたりと止め、どうしても必要な分だけ呼吸しなさい。一旦そんな呼吸の仕方ができると、それで力の中心が下方へ移されたことになるから、両腕を緩め、力を抜いて、楽々と弓が引かれるようになる』。『先生はそれを実証するため、自分の強い弓を引き、私に腕に触ってみるようにと言った。じっさいその両

腕は、なんにもしていない時と同様に弛んでいた』

これと同様なことが、『弓と禅』には、次のようにあります。

『息を吸い込んでから腹壁が適度に張るように、息を緩やかに押し下げなさい。そこでしばらくの間息をぐっと止めるのです。それからできるだけゆっくりと一様に息を吐きなさい。そして少し休んだ後、急に一息でまた空気を吸うのです。こうして呼気と吸気を続けて行くうちに、その律動（リズム）は、次第にひとりでに決まってきます』

このように、日本文化の粋（すい）は、西洋文化、東洋文化ともあべこべで、力を使わないことが、諸芸、諸能の極意の原点にありました。力を使わないでどうして弓を引けるのかというと、阿波研造師範は心で引くと言っています。今では忘れられてしまった心の法則なのです（「不動智神妙と五蘊皆空」（104頁〜参照）。

密息は、腰椎を引き下げて息を吸い込みます。密息はお腹を膨らませないので、静かで深い呼吸が、力むことなくできます。**『腹壁が適度に張るように』**というのがこれです。

『一旦そんな呼吸の仕方ができると、それで力の中心が下方へ移されたことになるから、両腕を緩め、力を抜いて、楽々と弓が引かれるようになる』という状態になります。

息は吸っておかなければ働きが出ない

息は深く吸っておかないと働きが出ません。魂合氣では、息を吐いてしまったら効きません。息を深く吸っても力みませんから、息は深く吸っておくほど業が効くのです。

傍から見ている人が言うには、息が入っていると、はつらつとして格好良く見え、吐いてしまうと、疲れているように見える、とのことでした。

カタカムナでは、イは電気、イキは「電気の発生」、という意味になります。電気は現象を発生させる力ですから、吸っておくと、はつらつとして格好良い体を発生させることも当然なのです。そこで、生き、活き、勢いといった意味が出てくるのです。

イノリとは古代では、イが乗りますように、という祈りなのです。ちなみに、イノチとは「イの電気の持続」という意味になりますから、息は深く吸っておくほど良いのです。

腹式呼吸で息を深く吸って止めておくと、お腹や丹田、鼠径部が力み、苦しくなりますから、「息を吐いて脱力しましょう」となります。やはりあべこべです。

考えてみると、海女さんは息を吸っておかなければ仕事はできません。地上では空気が豊富なので、いつでも吸えると思って気にもかけません。しかし、ここも海の中と考えてみれば、息は吸って止めて、大きく吐くなどしないでしょう。空気がなければ細胞も不安になり、働きは半減してしまいます。

弓術の極意を伝える言葉の中に「水中の息合い」という言葉があると聞きましたが、これは息を溜めておくことではないでしょうか。なお肺活量も、腹式呼吸と仙骨呼吸とでは違ってきますから、試してください。

両手に任せる

『弓の弦を引っ張るのに、全身の力を働かせてはなりません。そうではなくて、両手だけにその仕事を任せ、他方腕と肩の筋肉はどこまでも力を抜いて、まるで関わりのないようにじっと見ているのだということを学ばねばなりません』（弓と禅）

再出しましたが、その両手だけにその仕事を任せることが、極意なのです。カタカムナには「マトマリイノチココロワケ」という言葉があります。腕というまとまりにも、命があって心があることを言います。ですから、両手だけにその仕事を任せることができるのです。

任された両腕は、筋肉で仕事をするのではありません。そこで**『他方腕と肩の筋肉はどこまでも力を抜いて』**となるのです。ではどうして弓を引くことができるのでしょう。これについては、「不動智神妙と五蘊皆空」の項（104頁～）を後ほどご覧ください。

魂合氣でも、たとえ片方しか手を動かさないときでも、もう片方の手にも「任せるよ」と気持ちを通します。自分の思いで体を動かすことに慣れてしまった現代人にとっては、「腕に働きを任せる」など、今までに聞いたこともないので、半信半疑でしょう。しかし、腕の心を十分に信頼して任せてください。

体の目的は、生きることと、子孫を残すことですから、その目的のために、細胞にも、手にも指にも、心があります。心があるとわかれば、手に任せることと、そして感謝することの大切さがわかります。

手に感謝が伝わると、そこで初めて、**『腕と肩の筋肉はどこまでも力を抜いて、まるで関わりのないように』**といった言葉の真意がわかります。**『まるで関わりのないように』**の意味は、手が動くときに、体の他の筋肉は関わりがないように動かさないことをいうのです。

これを、「腕と体の分離」といいます。

力を抜いて引く

私の手元には弓がありませんので、ゴムチューブを束ねて仲間に試してもらいました。このときには、吊り下げた意識と正中線（27頁～参照）を忠実に作ってください。足は腰幅に開き、股関節と膝関節を曲げて、下はゆるゆるにし、上は動かないように正中線を作って、気を満ちさせ、心地良い恍惚（こうこつ）の瞑想状態で立ってもらいました。

骨盤を後方回旋させて仙骨に息を吸い込んでから、両手に任せて、腕と肩の筋肉はもちろん胸筋や広背筋にも力を入れずに、体と腕とを分離して弓を引く仕草でゴムチューブを引きました。

このときに力こぶを触らせてもらいました。すると驚きました。柔らかいのです。力を入れて引いたときには力こぶも固くなりましたから、明らかに違います。仲間は感動して、「これなら力もいらないですね。三十三間堂の通し矢も、これの鍛錬なのでしょう」と言っていました。三十三間堂の通し矢の記録は、筋肉の力では不可能なことが明らかでしょう。

女性の方からも、「このようにしたら、実際に強い弓を、力を入れずに引けました」という報告をいただきました。阿波研造師範が行っていた、かつての日本文化の弓術をぜひまた復元していただきたいものです。

三十三間堂の通し矢

阿波研造師範が「引き絞って射ることが精神的になる」と語っていますが、三十三間堂の通し矢は、筋力で射放っては不可能であり、精神的に射放ってはじめて可能となる記録だと思います。

京都の三十三間堂には、江戸時代の通し矢の記録があります。通し矢は、西側の軒下で行われました。北端に的を置いて、南端より射放ちます。朝6時より翌朝6時までの間に、何本この的に当てられるかを競うものでした。ここの1間は普通の2間分の広さです。距離は121・7メートル、軒の高さは4・5〜5・3メートルでした。

1668年、星野観左衛門は10542本の矢を放って、8000本を的に当てる記録を作りました。その18年後、和佐大八郎は、若干18歳の若さでした。和佐大八郎の父は、9000本の矢を放ち7077本を当てる記録を作りましたが、翌年、星野観左衛門に記録を破られ自害してしまいました。このとき大八郎は13053本を放って8113本を当てて新記録を作りました。

このような記録は、今の弓道家にとってまったく夢のような話と聞きました。なぜならば、弓道自体が筋肉を使うスポーツと化してしまい、筋肉が疲労してしまうからです。今と昔ではこのような違いがあります。

第4章

長閑に心安く

1 ◉ むすびと右脳

気のクオリティーを育成する

新緑の雨上がりの木立の中、あるいは神社の境内の気は、清々しくて気持ち良いものです。神社に参拝すると様々な気を感じますが、例えば出雲には、イザナミ命（御祭神）イザナギ命（合祀）をお祀りした神魂（かもす）神社があります。神魂という名前は「神の気を醸す」といった感じがしますが、その通りに境内は優しくて透き通るような気が醸し出されていました。このような気を醸し出せたら素晴らしいと思いました。

気には、様々な情報が乗っていますが、優しい雰囲気を醸し出すあり方は、日常生活を心穏やかに過ごしていくための極意なのです。

姿勢と歩き方、呼吸を整えて、気の働きが出てくると、今までと同じ状況にあるはずの日常も、無理しないで過ごせることに気が付きます。

それはアワ量が増えることで、アマから芽が出るようにアメ（極小微粒子）が生まれ、それが多様性を持ったミとして変遷し発現し、それらが自由性を持って統合されている細胞たちは、電気もトキ、トコロの要素も充足して、元気で心地良い気を発生させるのです。良い雰囲気を醸し出すと、人と人のむすびが可能になります。むすびは、細胞の心と細胞の心がむすぶことです。これは人や生き物だけでなく、物に対しても同様です。丁寧に気持ちを込めると味が良くなるのもこれで、細胞にも分子にも心があるからです。

心の業の主旨は、お互いに力を使わずに動けることですから、介護にも使えます。

魂合氣の術は、長年の修練を重ねなければ不可能な術に思えるかもしれません。しかしそれは、魂合氣を武術として見るからです。

武術は本来、人を殺傷する目的、自分の身を守る目的から生まれました。そのためには、攻める稽古が必要になります。攻めることは難しく、長期間の鍛錬も必要になります。しかし、魂合氣はこちらからは攻めませんから、鍛錬の必要がありません。

私も、魂の合氣や風帆の歩きを誰かに習ったわけではありません。できるようになったのは、宮本武蔵の『五輪書』を体で理解したからです。それを裏付けるのが、日本の古代文化であるカタカムナの物理でした。

魂合氣の術は心のむすびですから、ある小学生の女の子は一回で覚えてしまい、友達をころころと転がして、学校で師匠と呼ばれていると聞きました。こんな遊びをしても、子どもには良い変化があります。気が豊富であれば心身を安らかにしていられるので、対人関係も楽しくなります。

気の満ちる姿勢、気持ちを後ろに置く

気が体全体にくまなく満ちていると、上から下まで欠けるところなく、同じに見えます。気が満ちていないと下半身が貧弱に見えます。

蹴る歩きで数歩歩いただけでも、あるいは地を掴むように指先を曲げただけでも、下半身の気は薄くなります。これは、持ち上げてみると軽くなることからわかります。重心が踵(かかと)にあると気は満ち、足先にあると気は欠けることは、踵(きびす)、キビスという言葉からもわかります。キビスとは、気（電気粒子）の発生が進行するという意味なのです。

『五輪書』には**『つまさきを少しうけて』**と、さらりと書いてありますが、これが極意なのです。

『くびはうしろのすじを直に、うなじに力をいれて』も、気にかけないでしょうが、これも気の満ちるための極意です。

さて、足の指を地に着けると気が薄くなるとわかれば、日常生活でも足の指を浮かしてお

くことが大切です。

気が溢れ、体の周囲にも気が広がっていると、自身の気であっても安らぎます。安らいでいると、人と接することの恐怖感、不信感、嫌悪感などがなくなり、心のとらわれからも解放されます。人は細胞の集団ですから、細胞が安心することが、心の安らぐ根本なのです。

日常生活では、気持ちは前に出ます。姿勢が前傾しても前に出ます。何かをしようと思っても前に出ます。前に出る気は、相手に良い感じが伝わりにくいのです。

これを確かめるには、気持ちを前に出して腕を掴んでもらった場合と、気持ちを仙骨に置いて腕を掴んでもらった場合を比べてみます。すると掴まれた人は、先のは「冷たい感じがします」と言い、後のは「温かい雰囲気を感じます」と言いました。

「気持ちを背後に持っていく」と教えていただいたのが仏像の光背です。仙骨から立ち上った光は、体の内部も照らして細胞が輝きます。その様子を象徴したのが光背です。

細胞が輝いていると、刺(とげ)のある言葉や邪(よこしま)な思いが入っても、光とともに拡散してしまい、気持ちに影を作ることも軽減されます。

この話を聞いて早速、気持ちを仙骨に置くことを実行された方が、「家庭でも会社でもいさかいがなくなり、びっくりしました」と話してくれました。たった2週間しか経っていないのにと、私のほうもびっくりしました。

むすびと共鳴

むすびとは、お互いの細胞の心が共鳴することです。
掌の上に、誰かに掌を乗せてもらい、掌の接触面を感じてから後ろに歩くと、手が滑らずにそのままついてきます。あたかも、自分の体になったかのようです。これがむすびです。すべての術は、これの延長です。

感じること、感受性に力があるからです。

医学では、脳からの指令が神経回路を通って骨格筋に伝わって体が動くとされていますから、神経がつながっていない相手には、指令は伝わらないはずです。ところが心は、同調という原理で神経回路を使わずに伝わります。神経回路を使わないので、これは空路（電磁波を使った交通手段ともいえます。とすれば、神経回路は陸路（電流）といえましょう。

しかし、空路で運ばれた電磁波を受信するか、受信しないかは、受けの細胞の心が判断します。受け入れれば、むすびができます。受け入れてもらえる心は、丁寧さを伴った優しさ、穏やかさ、清々しさ、といった心です。意図的、攻撃的、暗い、騒がしい、急いている心は、受け入れてもらえません。日常的に急かされている心のままでは、合気は効きません。切り替えの稽古といってもいいでしょう。

むすびは技術ではなく、心の質と気の豊富さです。これを整えることは、図らずも心身の健康を整えることにもなります。

右脳は生命力

ハーバード医学校で活躍されている脳解剖学者であるジル・ボルト・テイラー博士は、**『右脳の意識を通してみると、私は自分を取り巻く全てのエネルギーとつながった存在です』**と語っています。この体験談は、魂合氣の原理をわかりやすく説明する上でも貴重でした。博士は、**『右脳の意識にあるとき、私はこの空間のことを、親しみを込めてラランドと呼んでいます。そこは素晴らしいところでした』**と言っています。

博士は、突然の左脳の梗塞（こうそく）によって左脳が働かなくなったときに、右脳だけの世界を体験しました。そのときの様子を語った動画、『パワフルな洞察の発作』で、およそ次のようなことを述べています。

『右脳と左脳は別の性格を持っています。右脳と左脳、二つは別々に情報を処理するために、それぞれ考えることが違います。あえていうなら、別な人格を持っています。

右脳は現在が全てです。この場所この瞬間が全てです。右脳は映像で考え、体感から学びます。情報はエネルギーの形をとって、全ての感覚システムから同時に一気に流れ込み、この瞬間がどのように見え、どのように匂い、どんな味がし、どんな感触がし、どう聞こえるか、巨大なコラージュになって現れます。右脳の意識を通してみると、私は自分を取り巻く全てのエネルギーとつながった存在です。右脳の意識では、私たちは互いにつながっているエネルギー的存在なのです。

左脳は全く異なった存在です。左脳は直線的、系統的に考えます。左脳にとっては、過去と未来が全てです。左脳は現在の瞬間を表す巨大なコラージュの中から一つを拾い出し、その詳細を考えます。情報を整理し分類し、これまで覚えてきた過去の全てと結びつけて、将来の可能性を投影します。そして左脳は言語で考えます。

左脳の突然の出血によって左脳が動かなくなり、右脳の働きになったときに、体の中の全てが速度を落としたように感じました。私はバランスを崩し壁に凭(もた)れました、腕を見ると、もはや自分の体の境界がわからなくなっていました。自分がどこから始まりどこで終わるのか、その境界がわかりませんでした。壁の原子分子と混じり合って一緒になっているのです。

唯一感じられるのはエネルギーだけでした。もはや体の境界がわからなくなり、私自身が大きく広がるように感じました。全てのエネルギーと一体となり、それは素晴らしいものでした。私はこの空間に親しみを込めて、ラララランドと呼んでいます。そこは素晴らしいところでした。この空間の中では仕事に関わるストレスが全て消えました。

体が軽くなったのを感じました。外界全ての関係とそれに関わるストレスの元が全てなくなったのです。平安で満ち足りた気分になりました。

みんな、いつでもこの場所に来られる。意図して、左脳から右脳へと歩み寄り、この平安を見出すことができるのだと。この体験がどれほど大きな賜り物となるか、人々にどれほど強い洞察を与え得るか、このことに気づき、それが回復への力になりました。大出血から2週間半後、手術で私の言語中枢を圧迫していたゴルフボール大の血栓が取り除かれました。完全に回復するまで8年かかりました。

私たちは二つの認識的な心を備えた宇宙の生命力です。私たちはこの世界でどんな人間でいたいのか、全ての瞬間において選ぶことができます。

今ここでこの瞬間、私は右脳の意識へと寄ることができます。そこでは、私は宇宙の生命力です。私を作り上げている50兆もの美しい分子が一体となった生命力の塊です。あるいは左脳の意識へと寄って一人の堅実な個人であることを選べます。大きな流れや他の人とは別個の存在です。私はジル・ボルト・ティラー博士、理知的な神経解剖学者です。

この二者が私の中にあるのです。皆さんはどちらを選ぶでしょうか。私たちが、より多く

の時間を右脳にある深い内的平安で生きることを選択すれば、世界はもっと平和な場所になると信じています』

一意は未来を今に引き寄せる

『矢は狙って放つのではなく、当ててから放つ。一意のなす思いは、初めから結果と同じである』という弓道の達人の話があります。このように未来を今に引き寄せることは魂合氣も同じです。

転がそうと思ったり、転がるかなと心配したりせずに、「自分がこの状態でこう動けば、受けはこう転がってくれる」と、結果を安心していることが一意であって、未来を今に引き寄せることになります。

魂合氣は、この一意が大切です。一意に受けの細胞が従ってくれるからです。この一意を生かすために、空(くう)の心が必要なのです。一意以外の思いがあれこれと生じては、従いようがないからです。あれこれと頭に浮かんでくる雑念は左脳の動きです。

魂合氣の稽古でも、「この人には、効かないかな」とか、「どうやったらいいかな」などと心配すると、思いは現在にはありません。過去とか未来にあっては、むすべないのです。

　また、「こんなふうにして転がしてやろう」と思うのは、自我であり、やる気です。相手をこうしたいという思いも、相手の細胞の心とはむすべません。丁寧に心地良い状態で行うことが、むすびのコツです。

2◉昔の人たちから学ぶ

合氣神随から学んだ合気の心

　私たちの目指す心の合気は、合気道開祖・植芝盛平師の語録『合氣神随』と『武産合氣（たけむすあいき）』から学びました。ここには、合気に大切な気や心、神のことが書かれていて、何度も読み返しました。

　『昭和十五年の十二月十四日、朝方二時頃に、急に妙な状態になりまして、禊（みそ）ぎからあがって、その折りに今まで習っていたところの技は、全部忘れてしまいました。あらためて先祖からの技をやらんならんことになりました』（23頁）

この文章を読んだときには驚きました。今までの合気は全て忘れたというのです。しかし、先祖からの技、日本人の本来の心身が合気そのものですから、本来の自然さを受け取ったということです。今まで習い覚えた技をすぐに忘れられることが、私たちとは違います。普通は、何年もかけて身につけたものを、簡単には捨てることができないので、新しいことができないのです。

いくつかの神示（しんじ）には、「建てかえ建てなおし」という言葉が出てきます。今までのことを壊して新たに建てなおすことをいいます。壊さなければ一新しません。そういった決心も大切になります。

これは、思いのあり方や知識ばかりではなく、癖にも当てはまります。決心して壊すか、あるいはご縁が働いて壊されるかすると、今までの人生から一新します。

習い覚えた癖を取り除く

現代では、スポーツ力学から生まれた理論があらゆる分野に浸透していて、伝統文化といえども、仕草がスポーツ化しています。しかし古来の日本文化は、東洋も含めて外国とは心身のあり方が異なっていました。

体を寄せ合う相撲とか柔術、合気が外国ではなく、なぜ日本に生まれたかというと、気を体感できる感受性に優れていたからです。相撲も柔術も初期の頃は、気と体感でさばいていたと思います。ですから今とは違い、体力のない者でも、体力のある者を転がせたのです。

魂合氣は腕の接触面を感じつつ動くことが基本になりますが、腕だけでなく体を寄せることで、さらにはっきりと感受性の働きが出てきます。組むとは面白いもので、柔らかく受け止めて体で感受することで、受けの力は抜けてしまうのです。

昔、「視、聴、嗅、味、触の五つの感覚の中で、人間にとって一番大切なのが、触の感覚です」と、宇宙人の言葉として何かで読んだことを思い出します。確かにその通りと思います。感受性を身につければ、気の働きが生まれて、これが諸芸諸能の奥義へと通じます。

魂合氣を習いに来られた方々が、「今までに習ったことと、全てあべこべですね」と言います。スポーツでは実力をアップさせるために筋力を鍛えますが、筋力は気と相反(あいはん)します。力を入れると気が減少しますから、スポーツで正しいことも魂合氣ではあべこべになるのです。

武蔵が**『身なり陸に、如何ほどにも静かに、きっかりと、下はゆるゆるとも、上の動かざるように、例えば、空より、縄にて吊り下げたるものと、心にあるべきなり』**と示してくれた、姿勢のあり方もスポーツの常識とはあべこべになります。

「腰」は、肉月に要と書きます。腰は体の要です。腰には、気海、丹田といった気の要もありますから、そこに気を集めるには、骨盤を後傾させて脊柱を直にして、鼠径部を緩ませて立たなければなりません。

腰を抜くとも言っていますが、こうして立ったときに気の見える方に見ていただくと、「腰の周囲に勢いよく水平に回る気の渦が、体の外部に大きく広がっています」とのことでした。腰を力ませれば、気の渦が消えてしまうのです。

腹、腰が緩めば、もろくなると思うかもしれません。しかし、体を縦に走る気の流れが豊富になりますから、しっかりと立てるのです。正中線とはこれをいうのでしょう。

上体を直にして正中線を整え、下をゆるゆるとして立つと、気が豊富に発生します。直心影流、男谷信友の極意に、**『後来習態の容形を除き、本来清明の恒体に復するにあり』**とあります。人は生まれた後で習い覚えた悪い癖を持っている。それを取り除けば、本来の清明な恒（人が本来持っているありよう）の体に回復するということです。

成長の過程で、大人たちのこうあるべきという思いに影響されて、自然であった姿勢や仕草が生かされることのないまま、癖のある姿勢や仕草ができてしまうのです。

日本の昔の諸道は、自然な動きを建前にしていますが、江戸時代でさえ、後来習態の容形を除く必要がありました。まして現代は、スポーツから生まれた不自然な体の使い方が全盛です。スポーツには、部分的に筋肉を鍛えるという発想があり、種目によってそれぞれが偏った筋肉を発達させます。これこそ後来習態（習い覚えた）の容形（癖のかたち）であって、細胞全体が生き生きと働く本来のありようとは違っています。

気とは、細胞から発生する生き生きとした喜びの心のように思えます。元気な樹木から豊富な気がはっきりと感じられるのと同じです。

テレビで見ましたが、東京に住む江戸更紗（さらさ）の職人が、親から「茶碗より重い物を持つなと言われて育った」と語っていました。筋肉を付けると、微妙な力の加減ができなくなり、一流になれないそうです。手先の感覚を鋭くして、微妙なコントロールができる者が一流の職人といわれました。

かつて、日本の技能力はこのような職人技によって支えられていました。丁寧な作品には、丁寧な動きが欠かせません。丁寧な動きをすると、力の代わりに感受性が生み出す力（気）が働いてくれるのです。

筋肉は、盛り上げるべきだと思っておられる方が多いようです。筋肉を元手に仕事をされる方なら仕方ありませんが、筋肉は鍛えるものではありません。日常にこまめに働くことで、柔らかくて血の流れやすい筋肉を保つことが大切です。筋肉を鍛えて固くしてしまうと、毛細血管が圧迫されて血が流れにくくなり、そこに老廃物の塊ができやすくなります。

本来の恒体は、体全体の細胞が過不足なく協調して動くことであって、それには、アワの心、感受性に任すことです。これは習得することではなく、生まれながらに持ち合わせています。それを曇らせなければ、すべてに無駄のない美しい動きになります。

恒体に復するには、加速度が付くような速い動きを抑えて、丁寧な動きを心がけます。気の発生を整えて、力みのない姿勢に戻すことです。

気の発生が整うと、麗しい恍惚の、ある種の瞑想状態になり、心身爽快になります。

トロンとしたときの正しいありようは、**『心どこにも、な置きそ』**です。心をどこにも置かなければ、周りの音はよく聞こえるし、視界も広がっています。

宮本武蔵や柳生但馬の師であった沢庵禅師が著した『不動智神妙録』の中には、**『物をひとめ見てもそれに心を止めないこと、それを不動というのです。なぜなら、心が物に止まると、様々な分別がわき起こり、それが胸の内であちこちに動くことになってしまいます』**とあります。これが雑念ですが、左脳で考え事をして夢中になっているときは、周囲の音も聞こえない、目にも入らない状態になり、不注意という癖を作り出すことになります。

雑念の起こり方は、ジル・ボルト・テイラー博士が**『左脳は現在の瞬間を表す巨大なコラージュの中から一つを拾い出し、その詳細を考えます』**と言っていますから、**『意図して、左**

脳から右脳へと歩み寄り、この平安を見出すことができる』という博士の言葉は不動智の意味と同じなのです。

水月の悟り

日本人の好きな心境をひとことで言うと、閑さではないでしょうか。『閑さや　岩にしみ入　蝉の声』（松尾芭蕉）に共鳴する心です。蝉の声や田んぼで鳴く蛙の声をうるさいと思うのではなく、そこに閑さを感じとるのが日本人の心です。閑さは心の中にあります。長閑で、のんびりと、落ち着いて、決して慌てないさま。この長閑さが、達人たちの追い求めた心境でした。

沢庵禅師の著した『不動智神妙録』の題名は、『智を動かさなければ、あらゆる場面でとっさに反応できる。それは神の現す妙なのだ』という教えと推測できます。これは、達人への教えではありません。誰もが使える法則なのです。

智を動かさなければ、つまり左脳を動かさなければ、無駄のない滑らかな動きが現れます。これは習わなくてもできる動きであって、このときは全ての細胞が協調して働いています。何かを考えると、動きはぎこちなくなります。脳からの指令で体内部に張り巡らされた神経を使うため、伝達の時間差や粗密が生じるのは当然です。これを陸路とします。

何も考えていなければ、気が使えます。気は心と体をむすぶ空路（電磁波）ですから、時間差も粗密も生じません。達人とは、気を使い、空路を使いこなせる人なのです。

このようなあり方によって、戦国時代から江戸時代にかけて多くの武芸者が神妙の奥義に達しました。

新陰流（しんかげりゅう）の上泉伊勢守（かみいずみいせのかみ）は、**『おのずから映らば映る、映るとは、月も思はず水も思はず』**と詠（よ）んでいます。映そうとか映りたいとか、そんな自我も雑念もありません。これが不動智です。

雑念のない澄んだ心を、古人は水月（すいげつ）の悟りともいいました。湖面が鏡のように穏やかに澄んでいれば、心身が自在になると悟ったのです。

一刀流だと思いますが、次のように説かれています。

『心は水月之如し（すいげつのごとし）。心には何の思うも無き物也。うつる水の上の月の如し。濁りたる水にうつるときは、月も朧（おぼろ）なり。また、いさぎよき水にうつるときは、月も清月なり』と。

水上に映る月には、何の思いもありません。もしも水が濁れば、月も朧に映ります。水が清らかであれば、月は清月に映ります。いさぎよくとは、迷いを手放してとらわれないことをいうのでしょう。

上泉伊勢守の門下で修業した丸目蔵人は、**『懸待一如、牡丹花下、睡猫に見るがごとし』**と詠んでいます。相手に懸かろうともしない、待とうともしない、牡丹の花の下で、猫が気持ち良さそうに眠っている。このような心地良さが剣術の悟りでした。

このような心境にあれば、打ち込んでこられても、自在に対処できます。これを「後の先」といいました。古い剣豪小説には、お互いに刀を構えたまま、何時までも対峙したままという描写がありました。相手が我慢できずに打ちこんでくるのを待っています。心地良く立っていれば、打ちかかろうとする気配に、不思議に対処できます。やる気はあべこべです。

『心は水月之如し。心には何の思うも無き物也』といった実感は、「ただある、そして心地良さを感じている」と表すこともできます。

このような思考停止を空といいますが、これが、人とのむすび、物とのむすびになり、神の働きによって大きなむすびへと変容していくのです。

上泉伊勢守は**『空の身に思う心も空なれば、空というこそ、もとで空なれ』**と、ただあるという境地を歌にしています。

魂合氣で、「これが水月の悟りかな」と思ったことがあります。空の状態で立っているときに、受けが思いきりぶつかってきましたが、跳ね飛ばされませんでした。逆に、「壁にぶつかったような衝撃がありました」と言われました。ぶつかられた感触は、ごくわずかでした。

このようなことをどうして試したのか忘れましたが、こんな現象が生じることもあるのです。

平常心

「牡丹花下の睡猫」のように、トロンと心地良くしていると、周りの気配に素早く対処できるのはなぜでしょうか。それは気の働きなのです。体の細胞が、攻撃の信号を受け取って対処してくれるからです。そこで周囲に気が豊富に巡る立ち方が大切になるのです。

細胞は生き生きとしていられることが満足ですから、草木が発する命の喜びの気が満ちている山野に入ると、細胞もそれに共鳴して、生き生きとした気を発します。

そんなときの、何ともいえない感覚を言葉にすると、気持ち良い、爽やか、穏やか、澄み切った、トロンとしている、静寂、などとなるのでしょう。

不安、怖い、危ない、攻撃される、忙しないといった生きる目的にそぐわない信号を感じると、その気に反応して細胞は縮こまり、筋肉は固くなります。すると気の発生も弱くなります。

人だけでなく、様々な生物が気を発しています。生物だけでなく、万物が気を発しています。形としてまとまった物には、命もあり心もあることが、「マトマリイノチココロワケ」というカタカムナの法則です。腕にも、目にも、胃にも、細胞にも、分子、原子といった単位にも、命があり心がありますから、気を発しています。

心とは異なり、思いというのは左脳の働きですから、対象があって、そのことをいろいろと考えてしまうことをいいます。未来のことであれば、逢いたいな、食べたいな、行きたいな、見たいな、やってみたいな、心配だな、ああしたい、こうしたい。過去のことであれば、面白かったな、おいしかったな、気持ち良かったな、残念だったな、ああだったらな、こうだったらなと、これらは、過去に感じた感情や感覚を言葉で考えています。

思いもエネルギーです。思いが繰り返されると念になり、エネルギーも強くなり、細胞に強く働きかけます。強い悲しみや強い憎しみは、自身や他人の細胞を縮ませたり、あるいは壊したりします。そこで、このような邪念は体に留めないことが大切になります。

強い自我の気を出さないことも大切です。このような気は、冷たい印象を与えます。感受性の強い人には、突き刺さる感じさえします。

「心平らかになるときは、気もまた和らぎて心に従い、事自然に応ずる」という言葉があります。気忙しくなく、心が凪いでいれば、周りに良い影響を与えます。さらには、様々な状況にも気がつきますから、一瞬の状況を確実に捉えることができ、対応もできるのです。

うっかりは、左脳のありようです。雑念がいっぱいになって、思いが過去や未来に飛んでいて、今の一瞬が捉えられないのです。

平常心という言葉があります。これは「雑念から空の状態に、左脳から右脳の状態に、あるいは交感神経から副交感神経の状態に、すぐに切り替えられること」をいいます。魂合氣は、この平常心の稽古です。

不動智神妙と五蘊皆空

『智を動かさなければ神妙が顕れる』と沢庵禅師の発見した法則は、ニュートンが発見した万有引力の法則と同じように、普遍的な大発見だと思います。

釈尊も同様の発見をされました。それが般若心経の中にあります。

般若心経は、**『観自在菩薩　行深般若波羅蜜多時　照見五蘊皆空』**と始まります。これは、五蘊が全て空のときに神妙が現れるという道理の発見でした。

空とは何か、色々な方が解説していますが、宮本武蔵の『五輪書』空の巻には、**『空有善無悪　智は有也　利は有也　道は有也　心は空也』**とあります。「空は善有りて悪無し　智は有なり　利は有なり　道は有なり　心は空なり」と読みます。

智とは、物事を理解し道理を判断し、善いか悪いかを理屈で考える左脳の働きです。

利とは、儲ける、為(ため)になる、効用がある等、自身の利益のために左脳を使うこと。
道とは、先人が作った条理や手引きに従って、考えたり行ったりすることです。
つまり、有とは左脳を使うことですから、空はその逆、右脳を使うことになります。
『心は空也』の状態は、ジル・ボルト・ティラー博士が「ラララランド」と呼んだ右脳の状態であり、全てのエネルギーと一体となった状態です。

さて、五蘊(ごうん)とは色受想行識(しきじゅそうぎょうしき)のこと。

色（サンスクリット語でルーパ）とは、周囲の環境に在って眼耳鼻舌身(げんじびぜつしん)に刺激となる存在のこと。つまり視、聴、嗅、味、触などをいいます。他に、第六感として感受できる気配なども入ります。天然自然からの刺激をそのまま感受できる状態を空といいます。

受（ベーダナ）とは、その刺激を受けて感じ取ること（感受性の働き）です。感受することの大切さに現代人は気づいていませんから、感受することなく考えて行動を決めています。現代人は、スマートフォンやパソコン、ゲームの画面に見入って、感受できる状態を制限しています。これは空ではありません。まずは感受して、それに体が従うことが自然なのです。

想行識とは、「考えて方向を決めること」と訳すこともできます。ところが、これも空というのですから、考えてはいけないことになります。

想（サンニャー）のサンは「全て」、ニャーは「知る」という意味があります。「全てを知る」

となると、これは人智を超えた働きです。空という条件からも、人智ではないとわかります。想は生命活動に良いか悪いかといった基本的な取捨の判断ですが、これらは意識に出る前の潜在的な働きであり、細胞の心が判断する働き、あるいは本能の働き、神の働きなどと言い表すことができます。

行（サンカーラ）のサンは「全て」、カーラは「力を発揮すること」ですが、これも空ということですから、人智の働きではありません、神妙の方向性（計画）ということができます。カタカムナでいうと、オホとの共振波動であり、マノスベをいいます。マ（現象の発生する空間が）ノス（進展する）へ（方向性）。言葉を換えれば、カムとアマの対向発生が盛んになって、その間（ま）がよりよく進展していくことです。

識（ビニヤーナ）。表象、つまり行での進展が現象として現れることです。現れてびっくり、考えもしなかった結果が出現する。これが「お陰様」という感謝の表れでしょう。

このように、空のときに神様が応援してくれる、極めてわかりやすい五蘊皆空の法則が存在するのです。

『合氣神髄』には**『念を去って皆空の気にかえれば、生滅を超越した皆空の御中心に立ちます。これが、武道の奥義であります』**（75頁）という言葉があります。

皆空の気とは、五蘊皆空になれば神妙の気が現れるということです。

空には、**『牡丹花下睡猫（ぼたんかかすいみょう）を見るが如し』**と、丸目蔵人が悟ったような心地良さ、恍惚が伴うことが条件になります。そこで、行深般若波羅蜜多とは、カタカムナ人がイヤシロ地に行き、ミソギをしたときのように、心地良い行だったのでしょう。苦行をやめた釈尊だからこそ、悟ることができたのでしょう。

なおミソギは、イがノリますよう、という目的で行いました。イとは電気（陽電気のアワ、陰電気のサヌキ）を指します。イを身に吸着させることとは、カムウツシ・アマウツシのことです。

ちなみに、行深般若波羅蜜多時の行は、チャリヤーム・チャラマーノであり、行を行じるという意味で、サンカーラの行とは異なります。サンスクリット語（梵語）を訳したとき、漢語には適当な言葉がなかったのでしょう。

感受性に従った自然な動きと営み、それには神（カム・アマ）の働きがある、これがマノスベであり、不動智神妙であり、五蘊皆空なのです。

アワ量について

カタカムナの物理では、アマ（この宇宙、現象）は、カムナのカ（チカラ、カタチになる素量という意味。カタカムナ文字は111頁参照）を受けて発現しては、また元に還元して消えてしまう。これが超高速で繰り返されているという法則があります。

これを、物を構成している原子で例えると、その内部で極微粒子が新旧互いに入れ替わり、重なり合いながら変遷しているといえます。つまり新陳代謝が行われているのです。原子を構成する極微粒子（アメ、アマ、マリ、イカツミ、マクミ、カラミ、カムミ等）が密に組み合わさり変遷し、それが疎に拡散するという新陳代謝が超高速で行われつつ、原子としての現状を保っているのです。

このようにして、アマ（宇宙）の現象を一瞬一瞬生み出しているのがカムです。カムという見えない畑から、アマという現象の芽が出てくるという感じです。

カムとは、アマ（宇宙、現象）を包みこむように、そしてアマの隅々まで浸透している、無限の力とチを有する捉えどころのない潜象なのです。そのカムから生み出される力とチはあまりにも小さい極微粒子ですが、それらがカムから遷（うつ）されて現象に現れたものをカムミといいます。カムミの一つにアワがあります。カムからの遷しですから、カムウツシともいい、アワともいいます。

私たちがこのカムウツシの法則を知って、カムのウツシ量を増す（アワ量を増す）ことができると、様々な不思議が現れてきます。原子（現象）を作り出すまでの、極微粒子が変遷していく働きによって、発生する現象が一瞬一瞬変化しているのです。この変化には、カムの力がストレートに働きかけています。

始元量である極微粒子は、集合し変遷してまとまりになります。そのまとまりの種類に、イモ（イカツミ）、マクミ、カラミがあります。これらの粒子（まとまって粒子になっている）は、電気、磁気、力といった働きも有します。

これらは自由に旋転し、巡回し、ウヅ（渦）を描いて飛び回っています。これらが生体を元気に導く働きを表し、気としても現れるので、その根源であるカムウツシ量が豊富なほど良いのです。

気持ちを込めて丁寧に行うことを、「ミを入れる」といいます。こうすることで、オホ（カムのシヒ、カムの魂）は生命がより良い方向へと向かうように、判断行為を出してくれます。マ（トキのマ、トコロのマ）に合うように、現象を現してくれるのです。これをマノスベ（マの術（すべ））といったり、カム業といったりします。

判断行為を大脳で行わずに、空の状態に任せれば、神の判断と行為が現れます。このような法則もあるのです。

根源「カ・チ・ア・ウ」について

カムから現象に生み出される根源のカは、アマ、つまり現象に出るとアと呼ばれる根源になります。アは根源のカと同じ働きを持っています。

ワという言葉には、「ある有限のマトマリを持ったもの」という意味があります。ワタシたちの体も一つのまとまりですから、ワといいます。そこに、カムウツシによって、アという根源が満ちます。その量をアワ量といいます。

カムから現象に生み出される根源のチは、アマ、つまり現象に出ると、ウと呼ばれる根源になります。ウは根源のチと同じなのです。

チは、生み出した現象を持続させる働きを持っています。そこでウは、映す、移す、生む、動かす、浮かすといった持続する働きを持っているのです。

カタカムナの歌には、「アウノスベシレ　カタチサキ」という一節があります。「アとウの働きを生かすアウの術（すべ）を知れ」という意味です。「術を知ると、発生するカタチや働きに差がつきますよ」という意味になります。

働きやカタチが十全になるためには、カムウツシ量が増えることが必要です。カムウツシ量のことをアワ量といいますが、ウもカムウツシですから、アウワ量といっても良いのです。

ホツマツタヱという古文書に描かれたフトマニ図には、48のヲシデ文字が神様として曼荼羅のように配置されています。その中央に配置されたのが、アウワの三文字です。この図を見ていると、アとウの働きが一番ということがわかります。

ちなみに植芝盛平師は、『合氣神髄』に**『ウの言霊を発生する。どんなことでも必ずできるようになる』**（89頁）と、ウ音の大切さを書いています。

言霊の場合、ウは力んだ発声ではなく、自然な発声が良いのです。ちなみに既刊『「カタカムナ」で解く　魂の合氣術』には、天佑の言霊を秘めた47音に関して、父音と母音を対向させて発音することによってアワ量が増えて体も周囲の状況も全て整う、というテストをいろいろと載せています。

例えば、ヒフミヨイは「フウイ・フウウ・ムウイ・ユ

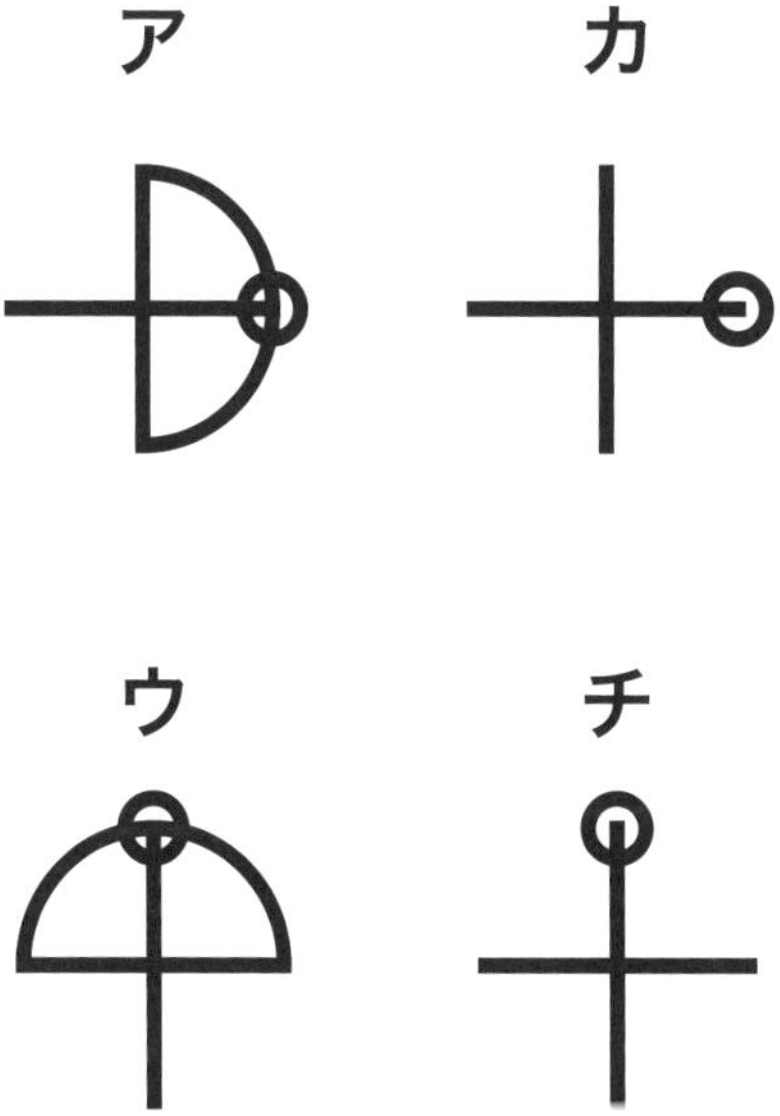

カ
チ
ア
ウ

カタカムナの記号で表した根源「カ・チ・ア・ウ」

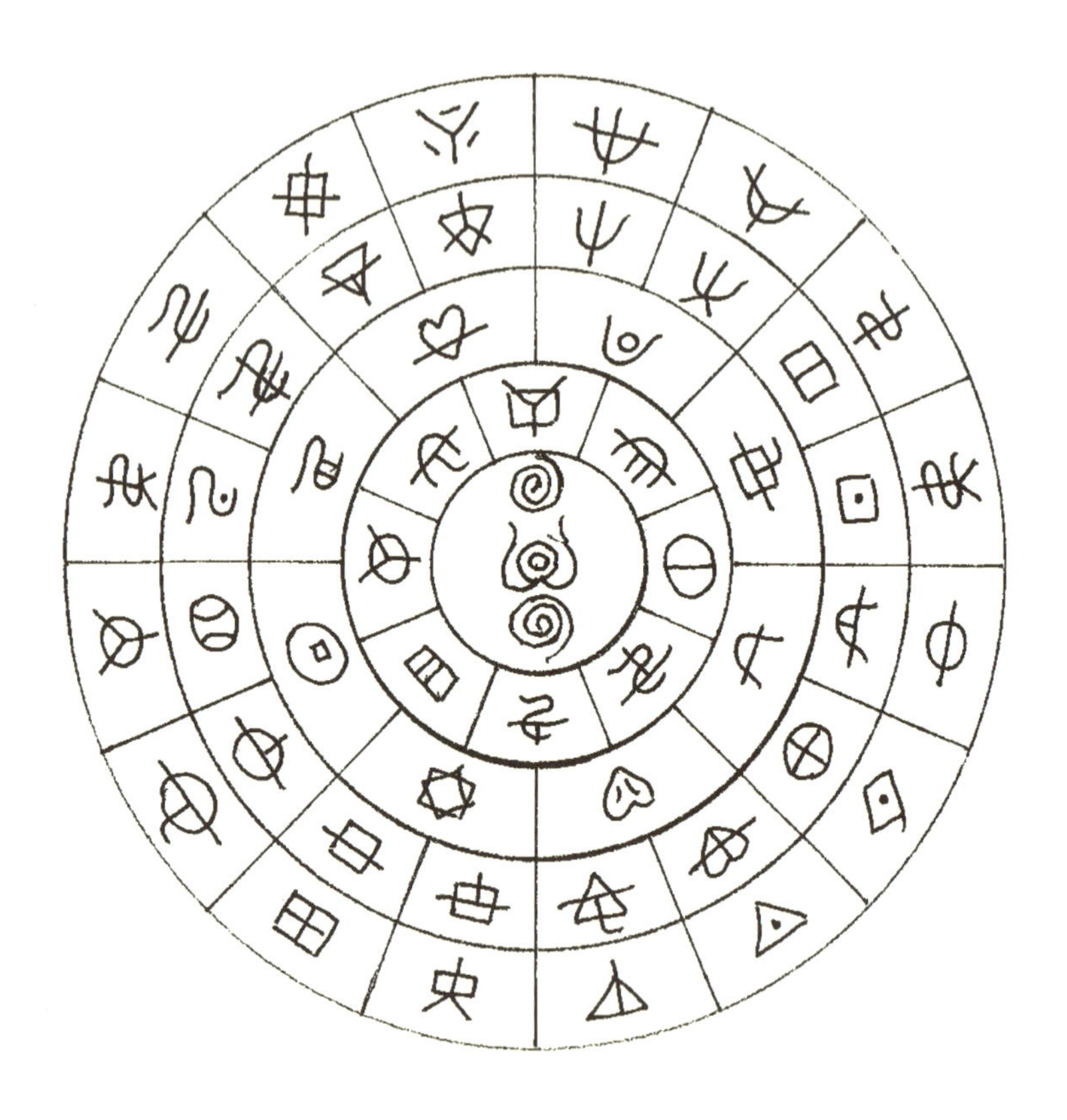

48のヲシデ文字が配置された「ホツマツタヱ」のフトマニ図。

ウオ・ユウイ」と発音することになります。ウの音が言葉の中核をなしています。

カムウツシによってアウワ量を増やし、生命の根源をどこまで感受し得るかといった本能の働きを開花させること。それが人の本来のあり方であること。これこそが、カタカムナを解く第一人者であり『相似象』の著者、宇野多美恵さんの人々への願いでした。

アウワを感受して与えられた生命を完全発揮することを、ウツシマツルといいました。ウツシとは、ウという根源があらゆるものの一つ一つに遷されて、マを存在させていることをいいます。遷されたウの働きの大切さを忘れないように、奉っているのです。

カタカムナ人と現代人の質の違いは、アワ量の違いといって良いでしょう。アワ量が多ければ感受性に優れ、本能の力であるカミとのつながり（ウツシ）も太くなります。昔の日本人が「お陰様」と言って、見えない力の存在に感謝したのは、カムの業、神妙といった現象を日常的に体験したからでしょう。

体の周囲を巡る気

この宇宙には現象の根源となる極小微粒子が、左回り、右回りに渦巻いており、この回り方の働きの違いがあらゆるものに相似象として現れてきます。例えば人の場合、女性は左回りの特徴を多く持ったアワ型、男性は右回りの特徴を多く持ったサヌキ型として生まれてきます。

物理学には、電流と磁束の流れる方向に関する「右ネジの法則」があります。これは、ネジを右に回すと先に進み、左に回すと後退することを例にしたものです。

体の周りに渦巻く気と、体を上下に走る気の関係も、この右ネジの法則と同じになります。掌から出る気の関係も同じです。右掌を下に向けたときに上から見て右に巻く（時計回り）気が発生しています。左掌からは左に巻く気が発生しています。

これは、ゆっくりと両掌を右回りに回したり、左回りに回したりしてみると、その抵抗感の違いから、抵抗のない方向に気が回っていることがわかるでしょう。

同時に、右掌の中央からは下に向かう気も発生しています。そこで、右手は下に向かう気に乗せて、下ろすときや押すときがたやすくなります。

左掌の中央からは、下から掌に向かう気が発生します。そこで左手は、掌に向かう気に乗せて、上げるときや引くときが容易になるのです。

また、体にも、腰の周りに沿って渦を巻く気が発生しています。台風の渦のような印象です。男性の場合は上から見て右回りの渦です。それに伴って上から下へと、脊柱に沿って滝のように流れる気が発生しています。

女性の場合は、左に渦巻く気が発生しています。同時に脊柱に沿って下から上に流れる気が発生します。これも、体を回すコツがわかれば確認できるでしょう。

左に渦巻く気は、緩める働きをしますから、女性が近くに存在することで、周囲の人は穏やかな気持ちになれるのです。

私が魂合氣のマノスベの姿勢で立つと、「左巻きの気が発生していますね」と言われました。アワ量を増やすことが魂合氣の目標ですから、アワ量が増えると、男性も右回りから左回りの気の渦になるのでしょう。

浮く手

マノスベの姿勢が気の流れを豊富にします。そのマノスベの姿勢が完成しているかどうかを確かめる方法の一つが、「浮く手」です。

浮く手というのは、差し出した取りの腕に、受けが上から軽く触れたときに、受けの肩や踵が浮き上がることからそう名付けました。

魂合氣では、この浮く手が基本になります。浮く手ができていれば、取りの腕を掴んだ受けは体が浮きますから、その受けを自在に動かせます。実は、掴む直前でも、また離れている状態でも同じように効いていますから、受けを転がせるのです。

初心者が初めに行う稽古として、椅子に座った受けを触れずに立たせたり座らせたりします。

差し出した両掌の上から、受けに両手を乗せてもらいます。初めはこれで立たせたり座らせたりしますが、慣れたら、受けとの掌の間隔を空けて行ってみます。これを見ていた方が、「差し出した両掌と受けの両掌との間には、まるで気のクッションがあるようです」と言っていました。アワ量の満ちるマノスベの姿勢ができていれば、1メートル、2メートルと離れていても、同じようにできます。


これができると、掴まれているときも掴まれていないときも全く同じ方法で行っていると理解できますから、魂合氣に筋力は必要ないことに納得できます。

筋力ではなく気で操作するなど、難しいと思うかもしれません。しかし、素直に取り組んでいただければ、すぐにでもできる易しいことなのです。その根幹が浮く手です。

「マノスベの姿勢が完成して、浮く手ができること」。これで、どんな合気の業も自在にできます。これは法則といってもいいでしょう。ここまで洗練されています。

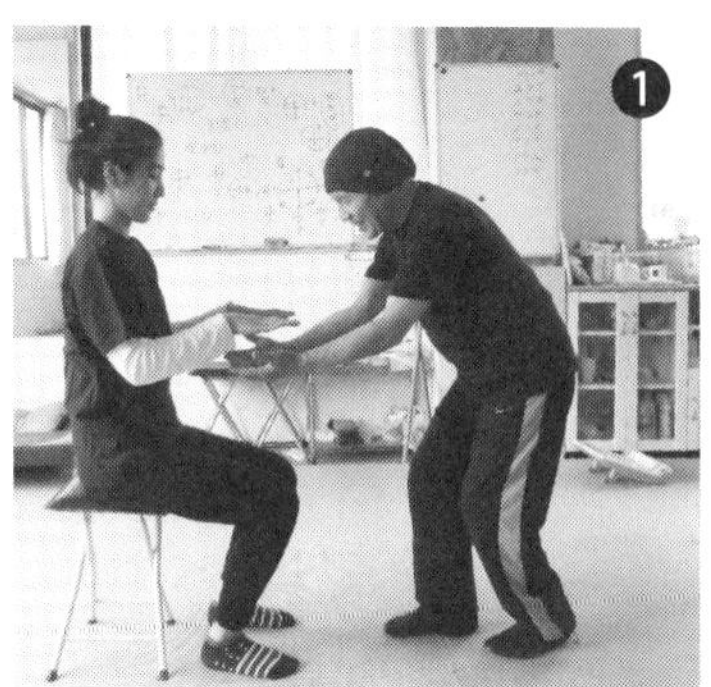

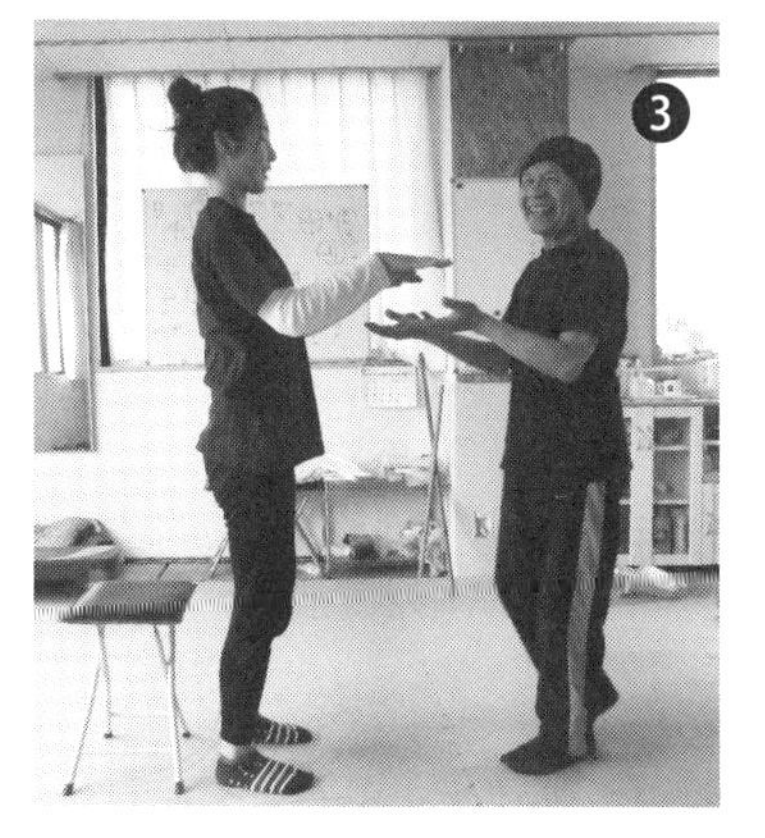

「浮く手」なら、触れていなくても受けを動かせる。

3◉女性の天性の資質

四国の讃岐（さぬき）や阿波（あわ）には、「サヌキ男にアワ女」という言葉が残っていますが、これはカタカムナ時代の言葉で、男性の持つ特徴をサヌキ型、女性の持つ特徴をアワ型といいます。アワ型とは合わせる性質であって、サヌキ型は、「差をつけて抜きん出よう」という気質をいいます。

現在の世の中は、サヌキ型の強い社会といえます。しかし古代の日本には、今とは全く異なった、アワ型とサヌキ型の調和した時代がありました。カタカムナの時代と、その文化を継承した戦いのなかった縄文時代です。この歴史が、世界には類のない日本文化の象（かたち）を作り上げました。

正中線と優しい気持ち

Kさんという女性が、魂合氣を見学に来られました。見学の途中で、「転がすことを体験してみませんか」と勧めました。Kさんには柔らかさと無邪気さが見えたので、いきなりでもできそうに思いました。

そこで、「正中線、優しい気持ち、と言いながら、手を出してください。腕を掴まれたら、わずかに横に動かせば、転がりますよ」とアドバイスしました。で、その通りに言いながら出したKさんの腕を掴みました。その瞬間に、私の腰が抜けてへなへなとその場に崩れてしまいました。「おおげさですね、演技でしょう」と、皆笑いましたが、順番に掴みにいった皆も腰が抜けて、崩れてしまいました。

後日、Kさんに聞いたところ、「あのとき、自分でも気持ちがとろけてしまい、腰が抜けたような様子で立っていました。あんなに優しい気持ちになれたのは、初めての体験です。新しい自分を発見しました」と答えてくれました。

私にとっても、こんなこともあるのかと驚いた出来事でした。この頃はまだおぼろげでしたが、後日「正中線、優しい気持ち、腰が抜ける」。この三点が、魂合氣には大切な要素とわかりました。これができれば、アワ量が増えて、気が豊富になります。あとは丁寧な動きで行えばよいと、神に教えていただいたのだと思いました。

感覚に従って動けること

Ｋさんに限らず、細かいことを教えないでもすぐにできる女性は多いのですが、これは、アワ型で感覚に従って動ける素質が十分だからです。感覚に従って動くときは、身のこなしも見事になります。筋肉が柔らかいので、気の流れも豊富だからです。しかし、様々な状況に対処するためには、マノスベの姿勢ができていなければなりません。

男性は、女性より苦労します。男性は気の流れを止めてしまうような癖や状態を多く持っているからです。考えて動く、手先から動く、力を入れて速く動かす、鼠径部が固い、などです。

男性でも女性らしい面が多ければ早くできるし、女性でも男性らしさが多いとなかなかできません。男性と女性で、なぜこのような違いが出るのでしょうか。男性は新しいことを習うときに、身につけた癖を捨てずに加えようとしますから、習い覚えた癖が取れません。

女性は、概ね筋肉も柔らかで、感覚も優れています。そのような女性に聞くと、「悪いけれども、男性は勘が悪い」と思えるそうです。女性は感覚に従って丁寧に動かせる人も多く、優しい気持ちも体に表せます。出産して乳幼児を育む、母性の天分ゆえでしょうか。

男らしさ女らしさ

カタカムナ神社に代々秘蔵されてきた、古代文字で書かれた巻物が、縁あって楢崎皐月（ならさきこうげつ）氏という天才的な科学者によって解読されて、宇野多美恵氏によって私たちにも理解できるように『相似象（そうじしょう）』という書名で出版されました。この古代文字を、カタカムナ文字としました。お二人は『相似象』を世に出すために、うってつけの人材でした。神が力を発揮して、長い玉の緒をつなぎ合わせてご縁を結んだのでしょう。

そこに記された縄文文化は、人々にロマンを与え、日本人の素晴らしさを教えてくれます。このような直感科学という感受性を優先した文化が1万年以上前からあったからこそ、日本には西洋文化とは異なった独自の文化が育ったのです。

女性らしさ男性らしさ、その違いは何でしょうか、その特徴を考えていたときに、『〈サヌキ・アワ〉（性）のサトリについて』（相似象第十号別冊、宇野多美恵）の中に、男女の特徴が分類されていたことを思い出しました。

魂合氣はアワ型で上達しますし、心安く生活していく上にもアワ型は理想的ですので、取り上げました。

アワ型

受容的、依存的、柔軟性、親和性、植物性（副交感神経系）、客観的、内観的、環境適応型。アワ型は、気の発生が順調なときには、そこにいるだけで周囲にいる人の気を高め、活性化させます。相手が失敗しないようにと心を配って、その人の安全を守ろうとします。他人を先に立てて、自分は背後に回ろうとします。自分は人間以外の大きな力によって生かされているという感受性も強く表れます。自分の都合や保身を先立てたり、失敗の責任を相手に押しつけたりしません。

アワ型であってもアワ量が少ないときには、明るさはなくなり、ひるんだり、気に病んだり、悪びれたり、いざというときに、あがって実力が出せなかったりします。思い込むと忘れられずにうつろで虚しくなり、世の中を嫌なものと思い、自分を卑下し、自分を責め苛むようになると食欲を失わせ、拒食症などの不健康なものへと移行します。

現在は多くの女性が、アワ量が少ないがために心身の不調を抱えていて、天分であるアワ型の特長を発揮できないでいるようです。マノスベの姿勢で、丁寧に感受しながら心身を扱うことでアワ量が増えて、気の発生も豊かになり、女性らしい気質が戻ってきます。アワ型とは、感受性の素晴らしさです。

日本人の本来に還る

世界は時代が進むにつれて、複雑で難しい問題を抱えるようになりました。難儀な体験をさせられるだけ、魂（一霊四魂）が成長した証しとも思えます。とはいっても、精神の病で体を壊したり、乗り越えられずに命を絶ったりする人も多くなっています。

しかし、お借りした体は、壊さずに使うことが大切な仕事となります。細胞にも心がありますから、優しく丁寧に扱うことが、身心を大切にすることになります。過去にとらわれて心が鬱々としたり、未来に絶望したり、世間や世の中を責めていては、細胞は生き生きしません。体を傷つけないように、故障させないように大切に使う目的に反します。

細胞が生き生きとするように気の流れを整え、自身のことを信頼して丁寧な仕草で仕事をすれば、元気に働いてくれます。

昔読んだ西遊記の中で、孫悟空が仙人に長寿の秘訣を聞いたときに、「自分の体に飽きないこと」とあったのが印象的でした。体も、飽きられると生きる気力が萎えるのです。思いは体に影響します。たとえ体に不具合が生じたとしても、その状態を受け入れて生きると決心することで、強く生きることができます。

世界は今、個人の力でも政治の力でも国の力でも解決できない、問題が山積しています。

利益を占有したい人たちの力が強くなって、これが複雑怪奇な世の中の仕組みを拡大させています。これによって、人類滅亡の方向にひた走っているかのようです。

世界中に貧困や争いの火種を起こしては、武器、弾薬を売りつける闇の商社。軍需品、原発、ワクチン、Ｆ１種子、様々な手段によって日本から大事なお金が流出していきます。

江戸時代から明治にかけてあれほど豊富にあった小判や銀が、瞬く間に海外に流出してしまい、明治の人々は貧困の悲惨さに苦しみましたが、また同じことを繰り返しているようです。

普通とか常識になっていることの多くは、金儲けのための洗脳、押し付けでしかありません。そんな常識の中では、多数決で善し悪しを決めても悪い面が出てきます。

多くの情報は、認知に歪みが出るように、意図的に操作されていると考えて良いでしょう。すべては、利益優先の仕組みが根底にあるからです。

今は、インターネットを通して様々なことを知ることができます。しかし知識をいくら増しても、魂の成長には役立ちません。知ることの本来は、感受して体でわかることです。ありふれた体験をするのではなく、未知のこと、本物をどれだけ体験するかが、私たちの目的になります。そこで、偽情報と本物を見分ける感受性が大切になってきます。感受性とは、本能をどこまでも掘り下げていけるかであって、その本能は神とつながっていますから、深さは計り知れません。

右脳はすべてのエネルギーとつながり、左脳は自我の生まれるところです。左脳で物事の良し悪しを判断することが、はたして良いのでしょうか。日本は、引き算の国です。考え方を身につけるよりも、それらを取り除いて、心を単純明快にすることを好む国民性でした。左脳を優先した様々な力がこの世界を動かしていますから、左脳で解決方法を考えても難しくなるばかりです。左脳とはまったくあべこべの、神や本能とつながっている右脳の力に任せれば、まずは自分の作り出している世界の様子は変わってきます。

力で支配されているこの世界を、祓(はら)い清める時期が来ているようです。神示には、「建てかえ建てなおし」と出てきます。これは、西洋文化で作り上げられた今の世の中の汚れを祓う大掃除ですから、程度の差こそあれ、業火(ごうか)の死や塗炭(とたん)の苦しみからは誰もが逃れられません。左脳優先文化の大祓いなのでしょう。

この後に、心でむすばれた世の中に変わるのでしょうか。ヒントは、今の常識とはあべこべの、感受性に従った自然な営みと日本人の本来の心に還ることと思います。力で動かす世界から、気でつながり、心安く生きる世界です。

現れてくる現象、事象は全て必然であって、現象を否定することは神を否定することになります。長い玉の緒をつなぎ合わせた糸のように、意識は全てつながっています。神が力を発揮するのには、この糸を使います。

そこで人のご縁は、間違いなくむすばれます。縁ある者や物をむすびつけて、魂の成長の糧とします。出会いは不思議なもの。人ひとりの出会いで人生が変わります。

おかげさまと感謝して生きられるのは、一人ひとりが神とともに演出した芝居の主人公だからです。人生の筋書きは波瀾万丈かもしれません。しかし、神にお任せした人生であれば、何が起ころうと悔やむことはありません。

サヌキ型

一方的、目的達成的、独善的、攻撃的、主観的、現象系、自己中心的……。サヌキ型は、意欲を持って目的に向かって突き進みます。自己保全、利欲、義理、人情のためにひた走ることをします。仕事、発明発見、使命感、愛、芸術のために身を粉にして省みず、ひたすら目的に向かって直進しようとします。相手に対し、まず反発的に自己を主張し、自分を通そうとします。より良く生きようとする方向性が左脳と結びついたときに、強い自己主張が発生するからです。

サヌキ型の特徴は、自分が悪いとは少しも思わない点にあります。それにもかかわらず、自分は細かく気を配り、思いやりもデリケートな心も持っていて、相手のことを考えている。

悪いのは相手であり自分は被害者だと、あくまで信じ切っているわがままなことが多々あります。

自分で反省とか思いやりとか自負しているのは、もっぱら左脳を働かせて自分本位に考え出した行為や判断にすぎず、周囲の存在や状況を深く思いやったものではありません。

低次元のサヌキ型では、深刻な悔悟（かいご）や反省の念は欠如しています。それゆえに、アワ型では苦に病むところを、「楽天的」とか「サッパリした性格」などと思えるような振る舞いをするのです。常に自己本位で自分を許し、甘やかしているのです。

子どもの頃にアワ型を養うには、サヌキ型を出さないで育つことです。アワ型を養うためには、母親は子どもにとってこれ以上の教師はいません。

反面教師という、損なお役目を持たされる母親もいます。この母親は、子どもが傷つくなどと考えずに心ない言葉で叱りつけ、暴力を振るいます。あわや殺しかねないこともあるでしょう。

しかし、子どもにとって母親は恨むことのできない存在ですから、母親を悪いとは考えません。母親の期待に応えて優しい言葉をかけてもらいたいと思って心を痛めますが、することなすこと全て逆に逆にと流れていきます。こうして自分を卑下し、落ち込んでしまうことで、アワ性が鍛錬されていくのです。

アワ型は苦労する能力ですから、こうしてアワ性を鍛えられた方たちが、現在、素晴らしいアワ型の人になっていることを見るにつけ、神の仕組みの不思議さに納得しています。

子どもの頃に母親の愛情をいっぱいに受けて育った人も、全くその逆の人も、人生様々ですが、アワ型が養われたのであれば、母親には感謝しかなくなります。

人の性質、その広さや深さは、アワ型の鍛えられ方であって、これが人としての本性なのです。

性質の四相

サヌキ型とアワ型の違いは、男性と女性の本来の違いです。ただし、女性にもサヌキ型があり、男性にもアワ型がありますので、人の性質は次の四相に分類されます。

A　アワ女＝女性でアワ型の豊かなタイプ
B　サヌキ女＝女性でサヌキ型の強いタイプ
C　サヌキ男＝男性でサヌキ型の強烈なタイプ
D　アワ男＝男性でアワ型の多いタイプ

この四相は、人間の性格の根本的な分類と思います。自分や相手の性格を見抜く上でも、この四相をわきまえることが、まずは肝心と思います。

性格は変わらないといいます。しかし、せっかく女性は理想的な性質を与えられていながら、このサヌキ型の現代に合わせて生きようとする環境適応型の面が出て、男性以上にサヌキ型を発する女性も多くなっています。女性といえども、サヌキ型が多く出ると、サヌキ男同様に、嫉妬、憎悪、弱い者いじめ、などの感情が出てきます。

性格は変わらないという先入観をなくし、サヌキ型の強い者は、自己を主張するよりも自分を反省し、相手の気持ちを察するアワ型を養うことが、人間関係を保つためにも必要です。

これからはアワ量を増やすこと、つまり、カムウツシ、アマウツシに恵まれて、気の発生を多くすることです。

古代には、アワ型の豊かな者が尊敬されていました。中国から男尊女卑の風習が入ってくる以前は、男性よりも女性の方が尊敬されていた歴史が長くあったのです。

現代社会は、差をつけて抜きん出ようとするサヌキ型の時代であり、サヌキ男やサヌキ女を助長していく仕組みや構造になっています。世の流れに流されて慣れてしまうのではなく、気の発生を高めて、左脳から右脳への切り替えをこまめにすること（平常心）を育成し、アワ型を養うことが必要と思います。

それでは、人のアワ型とサヌキ型の割合は、どのくらいが理想的なのでしょうか。友達が神様に聞いてみました（これは余談と思ってください）。すると、アワ型が69と出ました、アワ型が69％でサヌキ型が31％とのことです。69は、二つ巴（ともえ）紋を思わせますが、ここにはこのような意味も入っていたのかと驚きました。

生命が生き生きとする言葉

日本は言霊の国です。言葉に力があります。外国語の多くは左脳で反応するけれど、日本語の多くは右脳でも反応するといった報告を読んだことがあります。つまり、言葉を心で感じているのです。魂合氣でも、「気持ち良い」「優しい気持ち」「丁寧に」「頑張る」「お疲れ様」など、思いついた言葉を色々と声に出してみると、術の効き具合がそれぞれ違って面白いと思いました。

心は命の表れの一つであって、気持ちが良いと細胞は生き生きとします。体でわかっていただくことが大切ですので、合気上げなどで試してみましょう（191頁参照）。

尾骨に重心を置いて座り、その両腕を受けに押さえてもらいます。姿勢ができていれば、押さえられた腕を上げられます。

ところが、次のような言葉を一つ口にして上げてみましょう。

「クライ」「サムイ」「ガッカリ」「キモチワルイ」「ザワツク」「コワイ」「マズイ」「ザンネン」「ツライ」。

試してみると、どの言葉でもまったく上がる気がしなくなることがわかります。言葉を心で感じているからです。気持ちの良くない言葉を発すると、細胞も元気がなくなるのです。

では、次の中の言葉を一つ発してから上げてみましょう。

「明るい」「暖かい」「嬉しい」「気持ち良い」「きれい」「おいしい」「楽しい」「優しい」。

言葉によっては、びっくりするほど楽に上がります。細胞が生き生きとするからです。むすびの原理もこれです。細胞が喜ばなければ、むすびは生じません。

ハッキリと違いが出ることがわかったら、次はこんな言葉で試してみましょう。

「ガンバッテ」「オツカレサマ」「キヲツケテネ」「オダイジニ」。

びっくりしませんか。よく使われている言葉なのに、上がらなくなるでしょう。人を労う気持ちですから、上がっても良さそうですが、これらの言葉は信頼していない言葉ともいえます。

それよりも、「無理しないでね」「楽しくやっておいで」「信じているよ」「ごきげんよう」「お達者で」などと信頼の言葉を発したほうが良いようです。

さらにびっくりした言葉がありました。「神様ありがとうございます」と言って、上がらない人もいました。どうしてかと思いました。結論を先に言うと、神という言葉を使うことに抵抗感を持っていたり、気が引けてしまうためのようです。あるいは、自分とは隔たった天の彼方に神は存在すると思っている人です。

「神様ありがとうございます」と言って上がる方は、自分は神とともにいると感じている人です。日本人は八百万（無限大）の神に守られています。つまり、細胞一つ一つの中にも神は存在していますから、神への感謝はイノチへの感謝なのです。

第5章

人は神、人は魂

人の本体は一霊四魂、体は乗り物

日本の神道には戒律がないので、とらわれることがありません。何をしても罪悪感に苛まれることのない心の自由さがあります。このことも、日本人の寛容な国民性を育成してきました。

『合氣神髄』には、**『四魂の動き、結びて力を生ず。愛を生み、気を生み、精神科学が実在をあらわす。神の言葉そのものが気である』**（19頁）とあります。

何とも魅力的な一文です。四魂が動いて結べば、その力は愛を生み、気も生むというのです。皆が本来のもの、つまり自然の理である神を感受して生きることができたらと思うと、血が騒ぐ思いがします。**『神の言葉そのものが気である』**という言葉にも、気の持っている多様性と奥深さが表れています。

神道では、人の本体は**『一霊四魂』**という意識体としています。これを魂ともいいます。

四魂とは、奇魂、幸魂、和魂、荒魂をいいます。四魂は、自分の本体であると同時に、自分を守護し指導する神でもあります。

一霊は直霊ともいいます。それは一元あるいは元霊（万象創造、進展の意識、元気）から受け継がれた、直の霊のことです。私たちの一霊四魂は、天御中主神（注）から受け継ぎました。

つまり私たちは、天御中主神を親神とする神の子でした。

私たちは、自身の本体は体と思って生きています。その命がなくなることを死と言っています。ところが、私たちの本体は一霊四魂であって、体が死ぬと体から離れて、幽世(かくりよ)(あの世)に行って、次の体をお借りする順番待ちをしているとのことです。

魂は現世へ何度も生まれ変わって(転生輪廻(てんしょうりんね))、体験を積み重ねます。これは言い換えれば、元霊が様々な体験をしたいためにこの宇宙を作り出して、そこに働く神々を作り出したのです。

体は一霊四魂の乗り物です。体は様々な感覚を備えた生命ですから、体に備わっている感覚は、魂も共通の認識として認知します。

こうして、魂はお借りした体に乗って体験を積み重ねますが、その体験は一霊を通して、元霊を始めとした神々の普遍意識にも認知され記録されます。

普遍意識とは、宇宙に存在するありとあらゆるものに、あまねく行き渡る創造、進展の気です。魂は、この世界の様々な可能性を体験した後に、天御中主神の下に帰ります。これは一人ひとりの魂の生まれたときの約束でした。このように一霊四魂は、出発点が到達点となるような旅をしています。

（注）天御中主神の一霊を受けた私たち

『古神道玄秘修法奥伝』に、天御中主神の清澄（せいちょう）なる一霊を受けた吾々、という記述があります。

『真澄（ますみ）に澄みたる鏡は一物をたくわえず、私心なくして、万象を映し出す。また至大無外至小無内、所在無きがごとく、所在せざる無きが如き天御中主神の清澄なる一霊を受けた吾々は真澄に真澄て汚れることも曇ることもない。しかし、清浄そのものの本体も、それを映す鏡が汚れれば、汚れたように見え、曇ればぼんやりと正体を現さぬのである』

鏡とは、三種の神器の一つで、自分を拝するということ。本来は清浄である魂も、映す鏡が汚れれば、ぼんやりと正体を現さぬもの、そこで自身の鏡の曇りをぬぐい、霊妙な自身を映すという意義で、神社に置かれています。

ちなみに、アメノミナカヌシをカタカムナではアマナといいます。現象物（タカミムスヒ）に変遷（ウツシ）したものの内奥に、潜象状態のままに存在して（カムミムスヒ）アマナ（天御中主神）として、刻々に新しい生命を発生させる、潜象の示し（アメノミナカヌシ）という存在になります。

人の目的は四魂の働きを現すこと

『合氣神髄』には、**『人間は心と肉体と、それを結ぶ気の三つが完全に一致して、しかも宇宙万有の活動と調和しなければならないと悟った。気の妙用によって、個人の心と肉体を**

調和し、また個人と宇宙の関係を調和するのである』（178頁）とあります。

私たちの周りには、様々な気が飛び交っています。気にも対称性があって、例えば、育成する正（せい）のエネルギーと、それを壊す負（ふ）のエネルギーがあります。

人の思いや念にも同じように、正負のエネルギーがあります。邪（よこしま）な想念を邪念といい、邪念から出るエネルギーを邪気といいます。これは負のエネルギーですが、このような邪気が飛び交って人々の活動を乱します。

念のエネルギーは遠くまで飛び、そして場所とか物、あるいは人に留まる性質があります。人に留まると、その人の心身を損ないます。

体に発生する気が正のエネルギーであれば、心身は正常に働き、宇宙の正のエネルギーと調和しています。まずは、邪（よこしま）な念をなくし、心と体と気の三つを整えることが、人間の本体、魂の仕事になります。気の妙用によって心と肉体が調和することで、四魂の働きが出てきます。

この現世で生活している限り、ゴミ、塵、芥（あくた）が自然と出るように、怒り、憎しみ、恨み、悲嘆、後悔、嫉妬といった邪念も出てきます。このような想念は、心身を束縛し蝕みます。そこで、このような想念が出ないように自身を高めようと努力しても、自我（自分本位）が強ければ、一層深みに入り込んでしまいます。

出ないようにと修行するのではなく、出てくるのは当然で、心に留めなければ良いのです。神道では、**『罪穢れを拂い賜へ清め賜へ』**と祝詞を奏上します。これは、私の邪な想念をどうぞ留めずに払い清めてください、というお祈りです。

一切成就祓祝詞に、次のような言葉があります。

『極めて汚きも、滞なければ、穢きとはあらじ、内外の玉垣清く浄と申す』

たとえ芥のような想念が出て、言葉にしたり、行ったりしても、その想念を滞らせなければ、玉垣（想念）は清浄です。水で例えるならば、溜まった水は腐るけれど、地下水の流れる井戸水は清水です。

これが日本の神道の特長であって、外国のように、人は生まれながらに罪を背負っているとか、戒律や倫理や道徳などを提示して、それを破れば自身の心が苛まれるといった不健康なあり方ではありません。

ところが今の日本では、行きすぎた常識によって加害者意識、被害者意識に苛まれてしまい、不必要なまでに罪悪感や敗北感を背負わされて、それらを拭い去ることができないまま、多くの人が心に病気の元を抱えています。

これも、戒律や倫理で人々の心を抑えようとする外国文化が、色濃く心に影響するようになったからです。日本とは異なった外国の文化が主流となって、考え方も常識も変わってしまったのです。体を貸し与えた神も、体を痛めるようなことは望んではいないのです。神道に倫理や戒律がないのは、戒律で人の心を抑圧すること自体がお天道様に恥じる行為だからです。そんなことを決めなくても、慈悲と調和の姿を内なる心の鏡に照らし合わせれば済むことです。

良いか悪いか、正義か悪かと決めてしまいたい気持ちを解き放って、感受性の良さを養っていくことが大切です。感受性とは、本能の奥底にどこまで響くかであり、常に見えない力に守護されていると感じる性能です。真理の尺度を押し当てて、本物か偽物かを感じ取る性能です。

これから先、神懸かりの人が数多出てきますが、それに振り回されてしまうと、何が何だかわからなくなります。価値判断で見てしまうと、取り違え誤てることになります。価値判断ではなく、魂を澄みきらせて、感じ取ることです。

日本は八百万（やおよろず）の神が人とともに働いていると言われますが、八百万の神とは無限数の神という意味ですから、捉えることのできない存在から形のあるものまで、すべてが神ということです。

すべて何事にも感謝する気持ちが表れれば、やがて奇魂（くしみたま）、幸魂（さきみたま）、和魂（にきみたま）、荒魂（あらみたま）の四魂の働きが順次現れてきます。

出雲大社の神拝詩の中に、神語、**『幸魂奇魂守り給ひ幸(さきは)へ給へ』**と三度繰り返す祝詞があります。四魂の中で最初に働きが現れるのが、この二魂です。

奇魂

神示の中に「火を立てる」という言葉が出てきます。この意味は、自分は神の子と自覚して、神とともに歩もうと決心することをいいます。何事においても、何かを為そうとするときには、決心や覚悟といった明確な意思、志を持つことが大切です。

神社への参拝は、お願いをするのではなく、神に誓いを立てることです。その第一歩が「神の子と自覚して歩みます」と誓うこと。志を明確にしないと、神は応援しようにも応援のしようがないのです。

火を立てれば、時期がきて奇魂(くしみたま)の応援が現れ、現象の中の不思議さが現れてきます。これを神妙といいます。

よく、態度がおとなしく素直な様子を神妙といいます。これは、現れた象(かたち)は否定せずに、全ての象は必然の流れの中と思い、そこに神の関与を感じ、おかげさまと感謝の気持ちが出ている様子から来たものでしょう。

奇魂の働きは「進展力」として現れます。これがなければ、何ごとも進展しません。奇魂は、神の子と自覚して歩むときの道を照らす大切な明かりですから、日月の神ともいいます。

奇魂は奇しき力を使って、神妙（人の智を超越した現象）を現します。様々な出会いや別れも、全て神の照らす道を歩む中での必然の出来事であって、その中で吉運もあり凶運もあります。様々な変化を体験していくことで、奇魂の働きを知ることになります。

生きる目的が天命に則っていれば、あるいはアマココロに調和するのであれば、神は喜んで応援してくれます。自己信頼とは、神とともにある自分を信頼することです。信頼さえしていれば、自分の考えや自我を無理に通すことも要らないのです。

幸魂

奇魂の後に働きが出てくるのが幸魂です。幸魂は、平安で満ち足りた幸せな気持ち。全てを神に委ねた安心感です。

幸魂の働きは、個を中心にした、より深い優しさと慈しみとなって現れます。慈しみの火を灯すのは幸魂、それを継続する力は奇魂の働きです。

幸魂の働きが十分に体験された後に、和魂の働きが出てきます。なぜなら、自分に対してや相手に対してという、個を中心とした優しさや慈しみの働きを知らない和魂や、嫉妬心の出る和魂の働きはあり得ないからです。

これを体験するために与えられる大切な機会の一つが、母と子の関係です。母が子に十分な期間、母乳を与えて慈しみ育てることが、母子ともに幸魂の働きを生み出します。母は子どもの笑顔に、子は母のぬくもりに最高の幸せを感じます。

相手のことを心から良かれと思う気持ちや、優しい気持ちを丁寧に向けることで、その人の心には、相手とともにより高い振動数の共鳴の波動が鳴り響きます。その波動が度重なって、ついにある量に達すれば、それは定着し、その人のアワの保有量（アワは、カムウツシ量、神の気ともいえる）を増すことになります。

肉体的精神的な生命力の増強を相互にもたらし、健康のバランスを取り、知性美を発揮させ、能力を高め、創造力、インスピレーションの元となります。

ひとたび、アワ量が増して今までよりも高く振動するようになれば、それ以前の情念やこだわりの思いは、新たに獲得した高調波の下に吸収されます。こうして魂は成長していき、新たな生命活動が始まります。

アワ量が高まれば、かつては身も世もないほどに感じた悲しみも不安も嫉妬も、きれいに水に流すことができます。

「静かにとろけるような優しさ、気持ち良さを、ただ感じて思考を停止させる」ことがアワ量を増す一つの方法です。「牡丹花下（ぼたんかか）、睡猫（すいみょう）を見るがごとし」といった心境にあるときに神妙の働きが生まれることを、丸目蔵人は知ったのでしょう。

和魂

奇魂の働きによって、幸魂は全てを広く慈しむ愛の心に昇華していきます。これらの昇華に至る働きは、神の手助けなくしては不可能です。これは、アマのココロと調和した、偉大な愛です。そして和魂は、奇魂と幸魂の力を抱き込んで現れます。

和魂はあまねく広がる優しさ、普遍的な（あまねく行き渡る）愛であり、個人への愛から集合への愛へと変容します。

和魂は、渾々（こんこん）と湧き出る生命の泉、生成化育の力です。それを湧き出させて継続させていく力が、荒魂の働きです。

和魂は「親（したしみ）」であって、優しく丁寧な気があふれて皆の心がともに和（やわらぐ）こと。その和が広がると、和（にぎわう）です。自分自身が和らいでいると自分自身を大切にできるように、よろずをあまねく大切にできるのです。

愛も和も行為ではなく、むつみ引き合う親和力です。神聖な神社（ヤシロ）の如き気に満ちれば、周囲は幸せな気持ちになれるからです。カタカムナには、この親和力に関してオホのナリの物理があります。

オホとは、六方環境（オ）に親和（ホ）して存在して、常に我々に関わって私たちを生かしてくれています。ホはカムとアマのことで、その大きな手が私たちの体を柔らかく抱きしめてくれる感覚です。

オホと呼んで感受していたモノの存在を受け入れる感受性（アワ）を得たならば、どんな生い立ちであったとしても、自分の四魂はこのオホに守られ抱きしめられているという平和な感覚に転換できるでしょう。それは、カムウツシによって私たちの体（ワ）に、カムの根源の力が直接にウツサレル（変遷する）からです。これがアワであり、和魂（わのこころ）なのです。

荒魂

伊勢の内宮（皇大神宮（こうたいじんぐう））には、正宮の他に6つの別宮があります。別宮の荒祭宮（あらまつりのみや）には、天照大御神荒御魂（あまてらすおおみかみあらみたま）がお祭りされています。また、別宮の月読宮（つきよみのみや）の月読荒魂宮（あらみたまのみや）には、月読尊荒御魂（つくよみのみことあらみたま）がお祭りされています。

さて、最後に働きが現れる荒魂も、幸魂の力がなければその力を十分に発揮できません。魂の働きの中心は優しさですが、優しさがあってこそ荒魂の覚悟が十全となります。荒魂は、決断する「勇」であり「持続させる覚悟」です。

『合氣神髄』には、**『真の武は、正勝吾勝勝速日（まさかつあかつかつはやひ）（注）であるから、いかなる場合にも絶対不敗である。すなわち、絶対不敗とは、絶対に何者とも争わぬことである。勝つとは、己の心の中の「争う心に打ち勝つことである」』**（35頁）とあります。

無敵とは、どんな敵にも負けないのではなく、己に与えられた使命を成し遂げることです。普遍的な愛の和魂を支え続けるという勇気、これが荒魂の働きです。

大切なことは、過去や未来ではなく、今です。今を整えていくことで、良き未来を引き寄せることができます。良き未来を今に引き寄せる意識を明確にすることで、新たに進展します。

和魂と荒魂は表裏一体。優しさと強さを併せ持っている姿です。

和魂と荒魂が統合し調和すると、天の御柱という光が立って、一霊四魂の波動が高い波動の光となって、まばゆく輝くことになります。魂の成長した象が荒魂です。

『合氣神髄』には、**『我々は一元の分身分業としてこの地上の人としてのつとめを充分やっていかねばならない。宇宙でいう一元の大御親を忘れてはいけない』**（１１７頁）とあります。

一元から受け継がれた、一霊四魂のなすべき方向なのです。

（注）正勝吾勝勝速日
正勝吾勝勝速日天之忍穂耳の命とよびます。天照大神と須佐之男命との誓約で子を生んだ結果、須佐之男命が勝利を得た説話による称辞で、「まさしく立派に私は勝った。勝利の敏速な霊力のある、高天の原直系の、稲穂の神霊」の意があります。

現世で学び体験すること

今、現象が辛い苦しいと思うのは、魂の成長には欠かせないからです。矛盾と葛藤の中でこそ、体験を深めることができます。そこで、内なる神の神意が、現象として起こすのです。現象は厳しさの中に優しさがあり、優しさの中に厳しさがあります。厳しさを体験してこそ、優しさがより優しさとしてわかるからです。

一霊四魂という意識体が体という乗り物をお借りして体験をするのは、ひとえに魂の体験のためでした。形のない世界で意識体は体験ができないからです。この現世に生きて、眼耳鼻舌身という感覚器官を通して体験して、初めて知ることができるのです。

一霊四魂は何度も現世に転生輪廻を繰り返し、様々なことを体験しました。あるときには殺し、あるときには殺され、あるときには正しきこと、あるときには邪しきこと、あるときには楽しく、あるときには悲しくといった役回りを交代で体験します。様々な難儀も体験させられます。難儀なくしては、想像を絶するような体験もありませんから、神がそんなご縁を持ってくることもあります。

あらゆる体験を通して対応のあり方を発見していくわけですから、誰もが邪しきことも体験しています。それがわかっていれば、人を憎めません。邪しき心を持って行えば、自分にも相手にも多大な痛みを与えることを知りました。こんなことはお天道様に恥じる行為なので、してはいけないとわかってくるのです。「罪を憎んで人を憎まず」という言葉がありました。人と罪は、同根ではないと感受していたのでしょう。

体験したことと、そのときの感情は、全て一霊四魂に記憶されます。

もし前世で人を殺したとすれば、そんな感情を持ったままでは生きていくのに差し支えがあります。だから、現世では新(さら)の状態に戻してまたはじめから体験するために、忘れるのでしょう。あるいは、忘れることの大切さを教えられているのかもしれません。

自己を信頼する

生まれてからこのかた、人生を振り返ると、ああすれば良かった、ああしなければ良かったと悔いることも何度かありました。しかし、年を経てから思えば、そのときに選んだ道は、知らずに与えられていた目標に向かうために必要であったとわかります。

人生の体験を通して学ぶことがあります。それは自己に対する信頼です。自己は一霊四魂であり、神とともにあることを信頼することで、恐怖が安心に変わり、嫉妬は相手の喜びに同調して変わり、否定が肯定に変わります。

さらには様々なとらわれから解放されて、心が自由になります。人に何かを言われて腹が立ったり泣きたくなったりするのは、相手本位といえます。これらは、ひとくちには説明できませんが、アワ量が少なく気の循環が少ないことが原因となります。アワとは、宇宙の根源カムから分離独立した力が、ワ（私）に直接うつされたものと考えて良いでしょう。

人は神の子と信じれば、吉凶といった判断にとらわれずに、ありのままに受け止めることができます。多くの一霊四魂が、代わる代わるに吉凶を体験するわけですから、自分に起こることも必然なのです。

めげてしまうのは、失敗したと思って過去の思いを繰り返し考えているうちに、思いの念が心身を蝕んでしまうからです。失敗しても悔やむことがあっても、留めずに忘れることが必要です。繰り返し考えてしまうのは習い覚えた癖であって、幼児の頃にはそんな癖もなく気持ちの切り替えもすぐにできました。

儒教は、王が国家をまとめるためには都合の良い教えでした。弘法大師空海は、その当時に重んじられていた人としての道、儒教の仁義礼智信の五常と忠孝の道義から外れるような出家は正しい生き方ではないといった風習によって、自分の心は抑圧されたと著書『三教指帰』の中でかえりみています。

身近な人を忘れないことが道徳的であり、それが良いとする考え方は、儒教の影響が大きいのです。世間の風習や常識に縛られることを手放していく、柔らかさも大切になります。これによって、自然らしさが蘇るからです。

神は常に、魂の学びに良かれとする方向を示してくれます。昔の人は「おかげさま」といいました。これは外に神があるのではなく、内なる神に手を合わせて感謝する言葉です。

アワ量の持つ無限の力を発現させる

昔の日本人は、虫の声や木々や草花といった花鳥風月の変化を愛で、そこから得たことを、身の回りの調度品をはじめあらゆるところで、独自の感覚をもって丁寧に表現してきました。

誇るべき日本の文化、その諸能の原点は、優れた感受性、つまりアワ型であり、神の気、人の気を、どこまで深く感じられるかでした。

気は、生命力や活力であり、魂のひびきです。美しき天然の中で心地良さを共鳴できるのは、心が人間ばかりではなく万物にもあるからです。優しい気持ちが物に向けば、物も軽く動きます。魂合氣の稽古は、優しい気持ちで丁寧に自身の体を動かす稽古なのです。

日本は自然からの恵みを押し頂いていました。八百万の神というのは、無限数の神という意味です。あらゆるもの、そしてそれを構成しているもの全てに神の働きがあると感じていたからです。

そのルーツはカタカムナ文化であり、カムナ、アマナの働きで現象が移り変わっていくことを知っていたのです。現象にもイヤシロとケカレがあり、イヤシロにする働きの一つがカムウツシ量でした。

そのカムウツシ量（アワ量）を増す心身のあり方を、昔の日本人たちは何千年も受け継いできました。そこに、世界とはあべこべの文化、あべこべの心身のあり方があったのです。アワは、古代から畏敬されてきた言葉でした。『ホツマツタヱ』には、アワ歌があります。

『ホツマツタヱ』は、十二代景行天皇が先に亡くなった皇子の日本武尊を慕い、諸国を巡幸し、大和国纏向の日代宮に帰還した２年後に、三輪の臣大直根子命によって、景行天皇に献上（西暦１２６年）されました。使われている文字はヲシデ文字です。古事記が太安萬侶によって元明天皇に献上されたのが和銅５年（西暦７１２年）ですから、５８６年も前になります。

昔の長生きが偲ばれるのが、献上された年、大直根子は２３４歳であったと記されていることです。

景行天皇は皇紀７３１年(西暦71年)に即位し、在位60年、寿１０６歳でした。景行天皇の孫、十四代の仲哀天皇は日本武尊の第二子、母は橘姫でした。橘姫は日本武尊東征の折、三浦ケ崎の海中に身を投じて阿津佐の浜に無事船を着かせたという胸を打つ話があります。

仲哀天皇は52歳で崩御されましたが、その後、神功皇后が70年間摂政に任じ、１１０歳で崩じました。神功皇后は武内宿祢とはかり、男装して海を渡り、新羅を戦わずして降伏せしめたという話は有名です。

武内宿祢は、十二代景行天皇から十六代仁徳天皇までの二百数十年間仕えましたが、審神(さにわ)師（神懸りの真偽を確かめる）としても、長寿としても有名です。

古事記では、イザナギ神・イザナミ神によって最初に生まれる島が、アワジノホノサワケ(淡路島）でした。

初めにアワという言葉が出てくるのも、カタカムナの時代から、アワの働きを知りアワ量を増すことが、生きる上での大切な目的だったということでしょう。後の時代に、アワの意味がわからなくなっていたとしても、大切な言葉として残ったのでしょう。ちなみに、合氣もアワの氣と読みます。

日本の国が世界とはあべこべだったのは、アワ量の持つ偉大な力を発現させて宇宙を調和させることが使命だったからです。大勢の人が日本文化の本質と使命を知ることになれば、これからの世の中は本様になっていくでしょう。

『四魂の動き、結びて力を生ず。愛を生み、気を生み、精神科学が実在をあらわす。神の言葉そのものが気である』という言葉も、人々の意識がアワ量を増やす方向に定まれば、現実となっていくでしょう。

第6章

魂の合氣術 実践編

魂合氣を実践するにあたって必要なことを、本章のパート1とパート2にまとめました。パート3では、様々な術を試し、気の働きを確認していただきます。なお、術を試す人を「取り」、それに協力する人を「受け」と表しています。

1◉気を発生させるメソッド

体を取り巻く気を発生させる

体とその周囲に満ちる気を発生させるメソッドです。ここに載せた動きを丁寧に行っていると、「浮力を持った手」も自ずとできてきます。

「浮力を持った手」については、既刊『「カタカムナ」で解く　魂の合氣術』でも、天佑の発音法を使って作る方法をご紹介しました。

ぜひ身に付けてください。

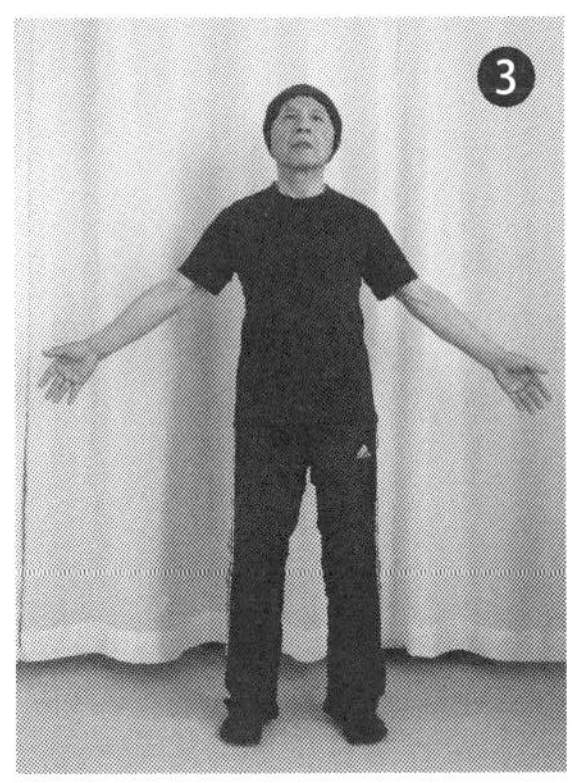

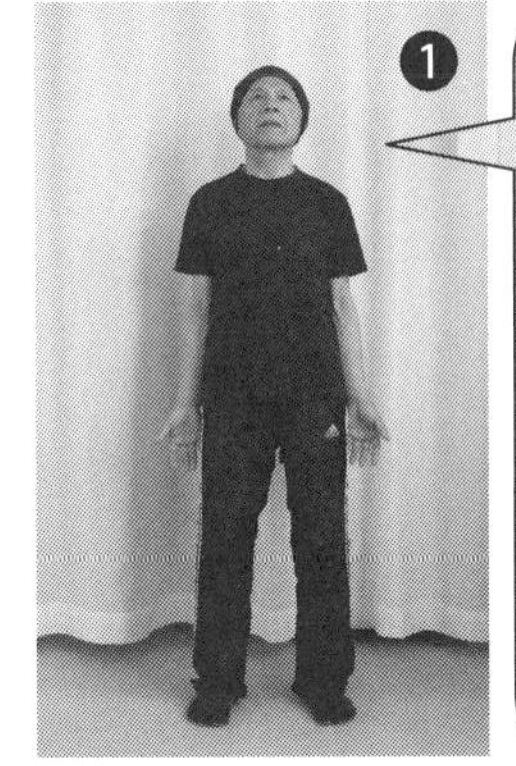

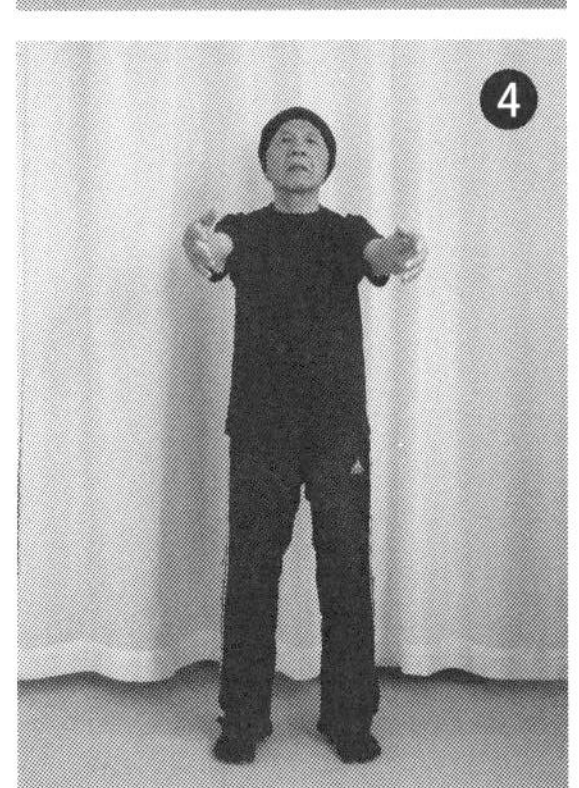

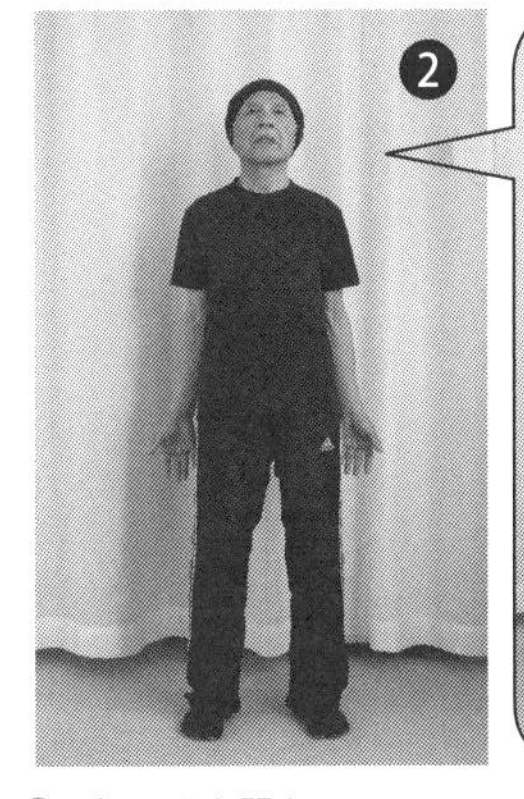

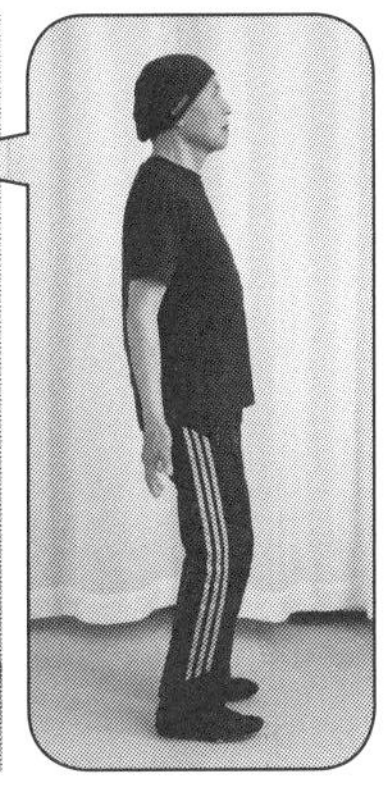

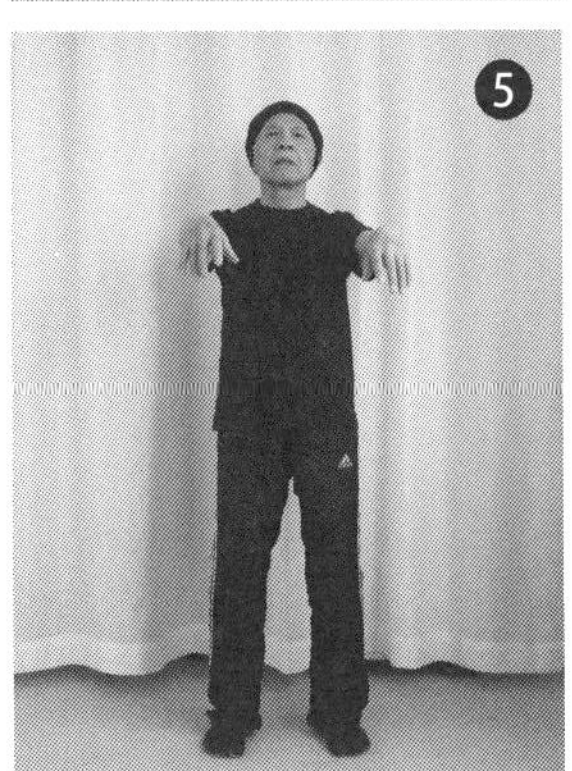

①腰幅に足を開き、マノスベの姿勢で立ちます。小指を腿に付けて両掌を正面に向けます。
②掌を５センチほど後方に移動させます。すると、体重も踵に移動します。踵重心で行います。
③両掌を真横に45度くらいに開きます。
④その手を閉じていき、両腕並行で鳩尾(みぞおち)の高さで止めます。
⑤肩と上腕（二の腕）の力を抜いて、指先をだらりと下げます。

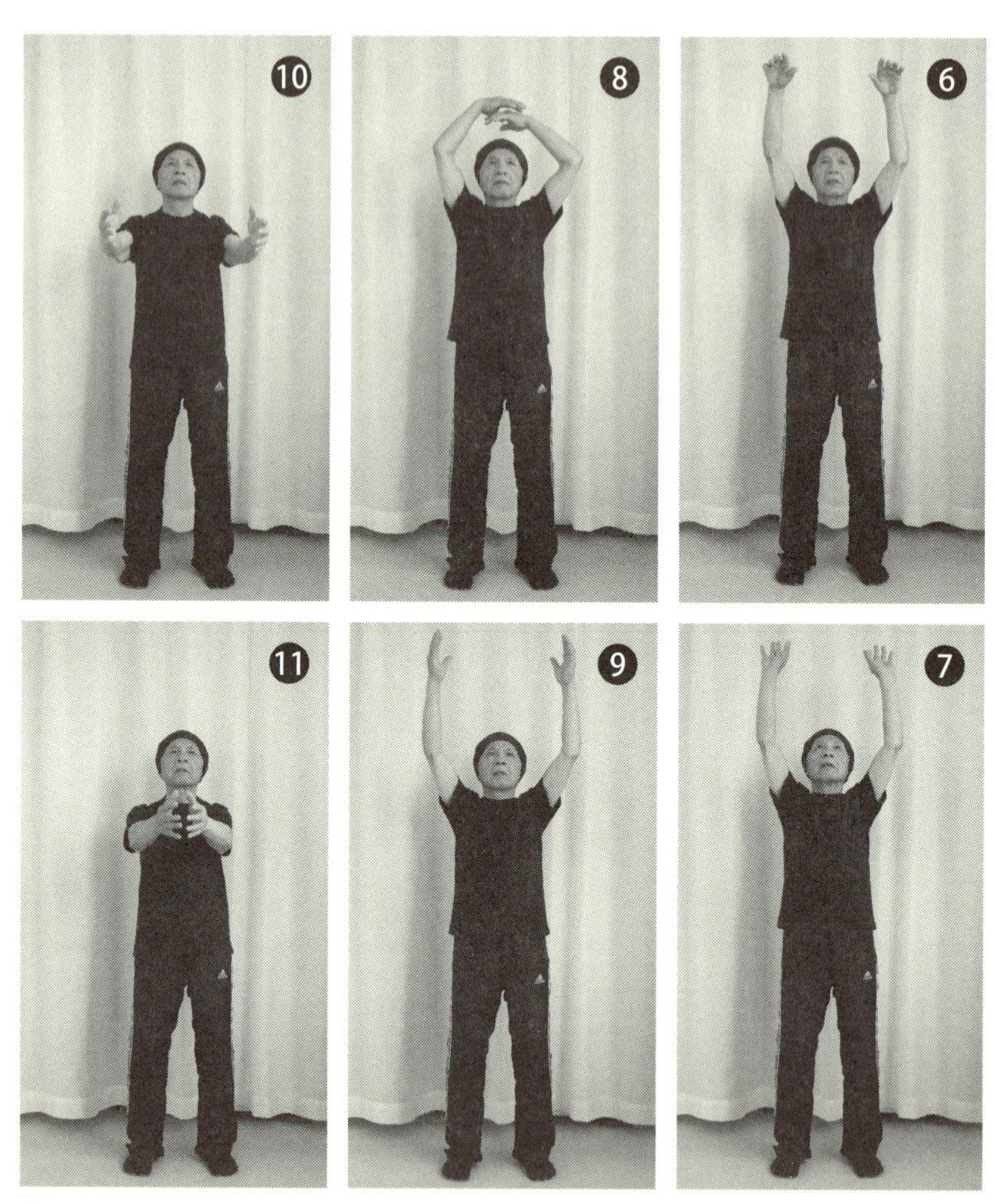

⑥指先を下げたまま、浮き上がるように腕を上げていきます。
⑦腕を真上に上げたら、手首から曲げて掌を空に向けます。
⑧両掌を返して下に向けて、右掌が上、左掌を下にして、間を空けて重ね、頭の上にかざします（左掌上、右掌下でも可）。
⑨掌が向き合うように腕を立てます。
⑩腕を平行のまま前に倒していき、水平の高さで止めます。
⑪向き合った掌を閉じていき、間隙が４～５センチの辺りで止めます。

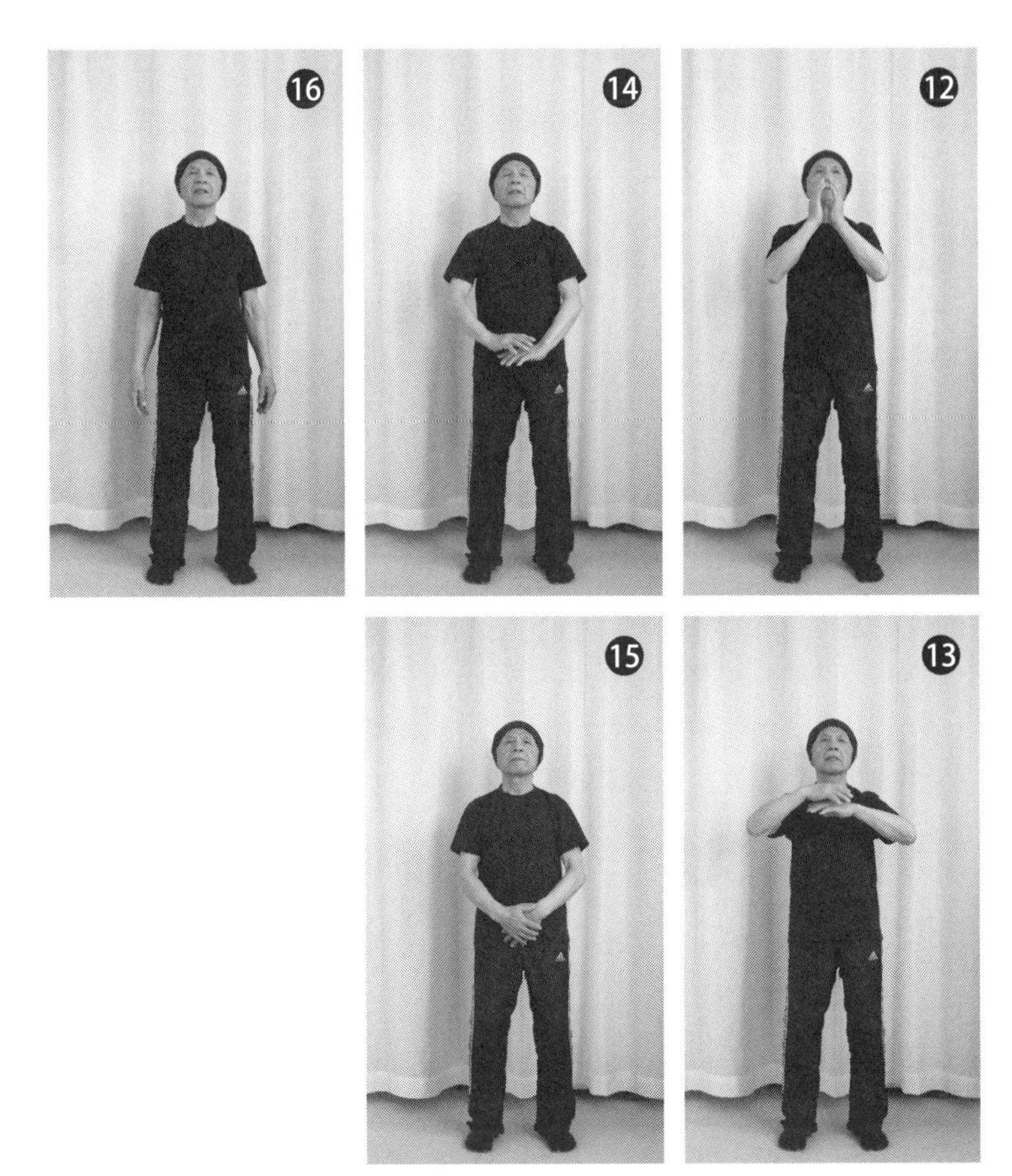

⑫肘から折って、掌をそのままの形で首近くに持っていきます。
⑬掌を下向きにして、掌と掌の間は空けて上下に重ねます。
⑭下腹へとゆっくりと下ろしていきます。
⑮下腹まで下りたら、掌を下腹に向け、掌の中心を合わせて掌を重ね、へその下5～6センチの辺りへ軽く触れます。
⑯両腕の力を抜いて、だらりと両脇に下げます。脱力した腕の重さを感じます。

以上をゆっくりと繰り返します。

終わって手を下ろして立つと、腕の周りにモワッとした圧力を感じて脇が開いています。これは、気が腕の周りや体の周りに満ちているときの感じです。このように、腕の両脇は閉じないのが自然です。

頭の上に両掌をかざしたときに、気の見える方が、「掌から気が、体の内部にも降り注いでいて、中央では濃くなって芯ができています。見ているだけでも気持ちが良いです」と言いました。この濃い気の芯が正中線だと思います。

踵重心で立って正中線ができると、体が小さく回り出しますが、回るのに委ねてみましょう。気の状態によって、右回りだったり左回りだったりします。

新緑の季節の雨上がりの後などに、このような立ち方で真っ直ぐに伸びた大木の前に立つと、大木を巻いて発生する強い渦の気との干渉によって体が回されます。自分の気ではなく、大木の気に回されるのはとても気持ちが良いものです。

出雲大社系の神社の大きな注連縄（しめなわ）には、真ん中と左右に三つの大きな房が下がっています。踵に体重を乗せてこの房の下に立つと、体が回されます。回る方向は気の状態次第ですが、左と右の房では逆回りになります。房の下には気が回っているのです。昔からこのようにできていたのかと思うと不思議です。

骨盤を柔らかくして風帆の歩きを滑らかに

仰向けに寝て、両踵をそろえて壁に着けます。膝の裏側を伸ばして足を背屈させ、右足の踵で壁を押します。すると、左足が壁から3～4センチ離れて、骨盤は斜めに傾きます。次に、左足の踵で壁を押します。骨盤は先ほどとは逆の斜めに傾きます。これを交互に繰り返します。

風帆の歩きで、膝裏を伸ばして踵の後縁でしっかり踏むと、同時に後ろ足が上がるのは、このような骨盤の動きが伴うからです。

股関節の動きを柔らかくするメソッド

仰向けに寝て、両踵をそろえて壁に着けます。今度は、右足を持ち上げて、足を伸ばして踵を壁に着けます。踵で壁をなすりながら下ろします。

次に左足を上げて伸ばして踵を壁に着け、壁をなすりながら下ろします。これを繰り返します。

風帆の歩きでは、地面を擦るような高さで踵を運びますので、このように股関節（鼠径部）

の動きを滑らかにすることで、頭が左右に振れることも、地面の凹凸からくる衝撃も抑えることができます。

肩を後方へ移すメソッド

両肩を後方へ移し、肩を下げるメソッドです。

両脇を少し開いて腕を下げて立ちます。掌の向きが腰〜前〜外となるように上腕(二の腕)から回すと、肩甲骨が閉じて両肩が後ろに移ります。肩甲骨をそのままにして、肩関節から腕を緩めて戻します。

また上腕から同じように回すと、さらに肩甲骨が閉じ、両肩が後方に移ります。

これを何回か行っていると、肩が後方に寄り、背中が緩みます。胸が開き、首も背中側に引かれています。肩甲骨の下側も寄っているでしょう。

2 ◉ 実践の要点

マノスベの姿勢の確認

胸の中央に指を押し当てて、持ち上げます。体の前側が上がり、腹も引き上がります。顎も少し出て、顔は少々上向きになります。首の付け根を後方に引いて、うなじを直にします。両肩は後ろに移し、肩甲骨の下側を寄せます。

骨盤を後方回旋させて、腰椎を下方向に伸ばします。鼠径部は少し曲がり、膝も少し曲がります。こうして「正中線を感じ、空から吊り下げた意識」で立ちます。

自然に踵立ちになる足幅を見つける

腰幅の広さで、足を並行に開いて立ちます。このとき、自ずと重心が後方に引かれて、足先が浮いてくる足幅があります。

1センチ違っても踵に重心が移りませんが、足幅がぴったりと決まると、自ずと体が後方に引かれて踵に体重が移り、腰の力みがなくなります。

よく、「大腿骨の前側に力が入ってしまうのですが……」という質問を受けますが、これは前重心になっているからです。

下腿はできるだけ垂直にして、膝頭がつま先よりも出ないようにします。初めは、後ろに倒れそうで足踏み状態になるかもしれませんが、こうして踵重心に慣れてください。

片足のときの重心の掛け方

歩きながら魂合氣の業を使う場合は、下半身はゆるゆるとさせ、空から吊り下げた意識で体を回したり動かしたりします。

このときは、一本足で立つようにします。前に動くときや後ろに動くときは、運び足を前に振り出して、立つ足が後ろになるようにします。

また、受けを右手で動かす場合は左足に、左手で動かす場合は右足に自ずと重心が掛かるようにします。

浮く手を作る

腕を上げるときには、ひょいと上げてしまうと、その腕には必ず力が入ります。腕は浮き上がるイメージで、ゆっくりと上げていきます。

初心のうちは上げるのに時間が掛かるため、あらかじめ余裕を持って浮く手を作っておきます。浮く手は、腕にも心にも全く力みがありません。気が満ちていると浮く手になります。浮く手ができていれば、その腕を掴んだ受けは、肩あるいは踵が浮き上がります。このような腕を掴むと「柔らかい」とか「実体がない腕」と感じます。

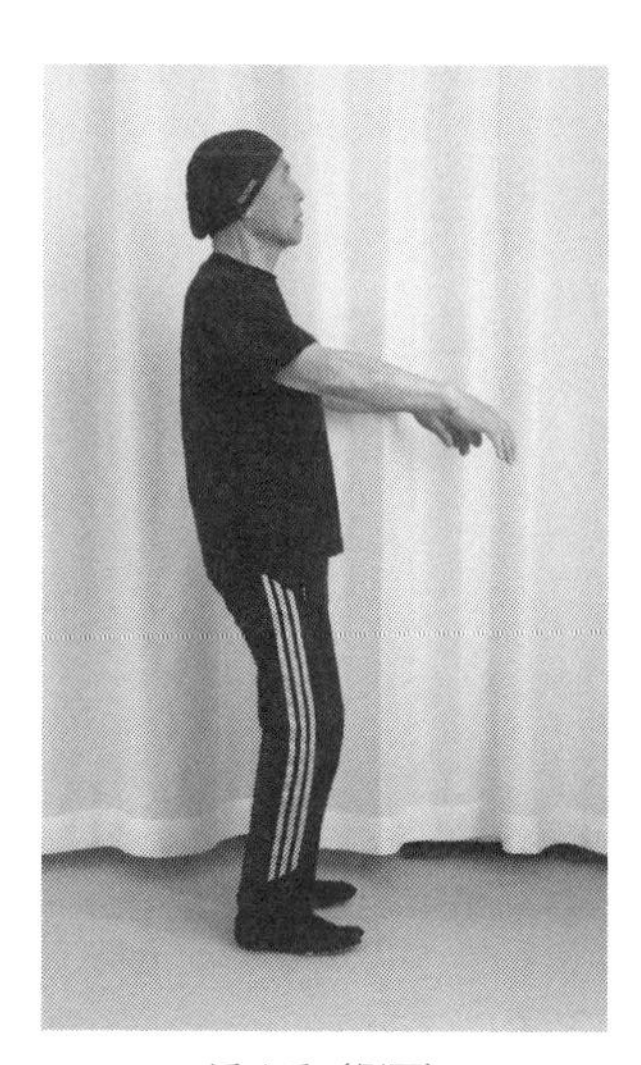

浮く手（側面）

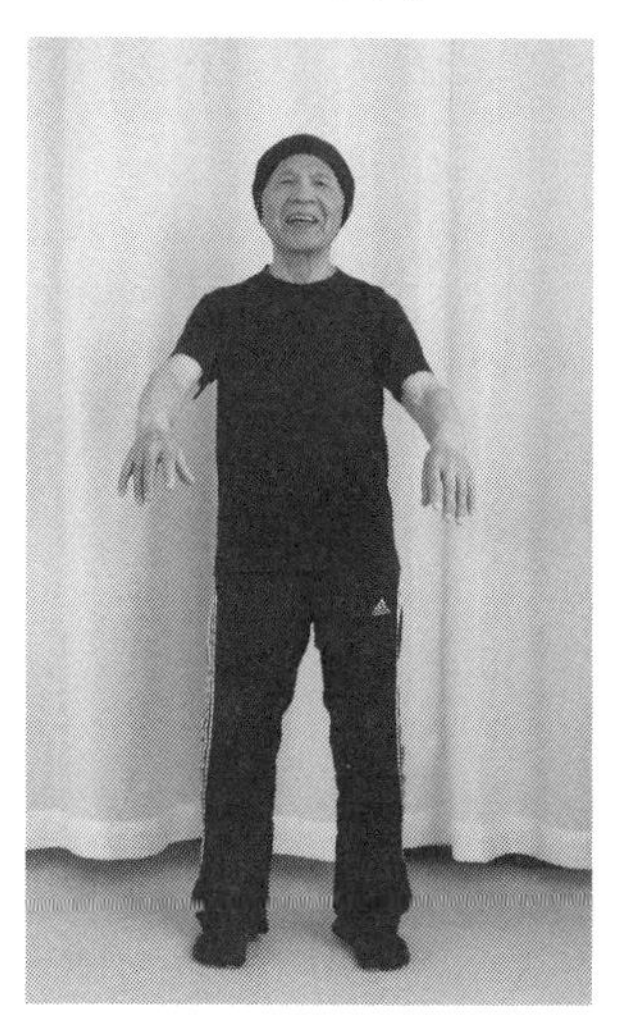

浮く手（前面）

浮く手ができていれば、受けに腕を持たれても、それをどの方向にも自在に動かせます。このとき、上体を動かさずに腕を動かすことが大切です。上体は、ほんの少し動いても大きな力み量になるからです。

腕を動かさないときは、歩いて受けを動かします。このときも上体は動かさないようにします。もちろん技が決まってしまえば、上体はどのように動かしても差し支えありません。右腕だけを動かす場合でも、左腕にも気（気持ち）を通しておきます。両腕が働くことが理想ですから、左手にも参加していただくほうが良いのです。左手にも気持ちが通じていると、右腕の働きは倍加します。

「受けを動かしてやろう」と思う気持ちが出ると、受けは動かなくなります。そこで、「無心でボーッとして」手を動かせるように稽古してください。無心になるために大切なのが、首の根元を後方に引くことです。

がさつな動きをしない

力やスピードにまかせた動きや、体操のように無意識に手を振ったりすると、動きはがさつになりがちです。

例えば腕を動かすときにも、肩関節の一つの箇所を支点に動いているかどうか、腕の速さ、道筋などがコントロールされているかどうか等、意識を通して感じながら動くことが大切です。

金沢のおみやげ店などでは、金箔手描金杯といった工芸品が売られています。このように広口で浅い杯でお酒をいただくときは、丁寧に扱わないとお酒がこぼれてしまいます。こぼさないように、手はセンサー（感知装置）として働かせなければなりません。

このように動くことでアワ量が増えて、お酒も美味しくなります。このときに、杯を持った人の腕を握ってみます。すると止めることができずに容易に動かされてしまうでしょう。

魂合氣では丁寧な動きを心がけて、感受性を働かせるようにします。こうするとアワ量が増し、その場に間に合う現象が発生してくれるのです。例えば、受けが「取りに従って動きたくなる」「転びたい気持ちになる」、あるいは「腰が抜けてしまう」といったことが生じるのです。

魂合氣は、丁寧な動きから生まれるアワ型の気が大切です。丁寧に掛けられた術は、受けても気持ち良く、何度転がされても疲れません。転がされながらもお互いに気が盛んに発生して、元気になっていきます。

受けに「よーし」とか「さあこい」といった闘いの気持ちを向けることを「気構え、気が前」

といい、受けとのむすびは切れてしまいます。

遠山の目付け

受けを見つめては効きません。ボーッと視界に入れるだけです。遠くを見ているような、トロンとした目付きのときには、視野は広がって副交感神経が働いています。

この目付きは、傍から見て優しさを感じます。これが右脳的、動物的集中です。動物の多くは顔の両脇に目がついていますが、これで、ほぼ全周囲が見渡せます。

浮世絵の風景画は、このような遠山の目付けで作品ができあがっています。物を見つめて、そこに心を留めてしまわないことが大切なのです。せっかく持っている視野を広く使うのがマノスベなのです。

むすび、あるいはムカヒでつながる

受けの胸と自分の胸をイメージのラインでむすび、「むすんだ」と思います。これは一瞬で良いのです。雑念が生じなければ、むすびは切れません。このむすび方は効くのですが、どこか一方的で違和感も持っていました。

カタカムナにはムカヒ（対向発生）という言葉があります。これは「ムカヒ時にはカムの力が加わって、親和統合した現象が発生する」といった法則です。これに倣えば、朝の太陽「おひさま」を仰ぎ迎えるような気持ちで、受けと相対することが本来です。実際これで、触れずに行う合気の業は効きが良くなります。実践編でもこの言葉がいくつか出てきますので、ぜひこのような気持ちで行ってみてください。

気持ちを前に出さない

スポーツや多くの武道は、当然ながら気持ちを前に（相手に）向けます。ところが魂合氣は、気持ちを相手に向けると効きません。優しく受け入れる方向（自身の後方に向かう流れ）が大切です。ムカヒは受け入れる方向です。このようなときの雰囲気が極意になります。気持ちを相手に向けると自我が働き、合気は効きません。カムの働きが途切れるからです。

そこで、気持ちを後方（背中に置く、あるいはさらに遠い後方に置いても良い）に保つことが大切になります。気持ちを前に出さない、ここが他との大きな違いになります。

思いは一意で

一意とは一つの目的ですが、「ここに転がる」とか「あそこに転がる」といったイメージができていることです。単純な思いなら細胞にも伝わりますから、あとは体に任せれば良いのです。

向き合ったとき、受けには「これは効く」と感じられます。取りから出ている気から、受けの細胞が「転がされてしまう」と感じる一意を受信するからでしょう。

このように、転がしてみるまでもなく、結果が決まっているのです。マノスベの状態から生まれる「こうなるのが当然」という一意を生かすために、無心とか空の状態が大切なのです。

接触面を感じる

受けに掴ませる稽古では、その接触面を感じて動かします。感じてから動くのでは遅いと思うかもしれません。しかし、腕が柔らかければ、その腕を掴んだ受けには力が入りませんし離せませんから、ゆっくり動いても十分なのです。

3◉実践例

むすびを体感する

①自身の両手でむすびを体感する

取りは、足を腰幅に開いて立って、自身の一方の手の掌ともう一方の手の甲を軽く触れて接触面を感じます。受けは、この両腕を掴んで、ゆっくりと左右に引っ張ってみます。離れませんね。感受することで離れなくなります。

感受することで、ウツシツミ（カムツミ）の量が増えて、体内の電気の働きが増すからです。離れてしまう場合は、感受していないということです。感じていると思っていても、深く感じていないのです。考えごとをしているのかもしれません。

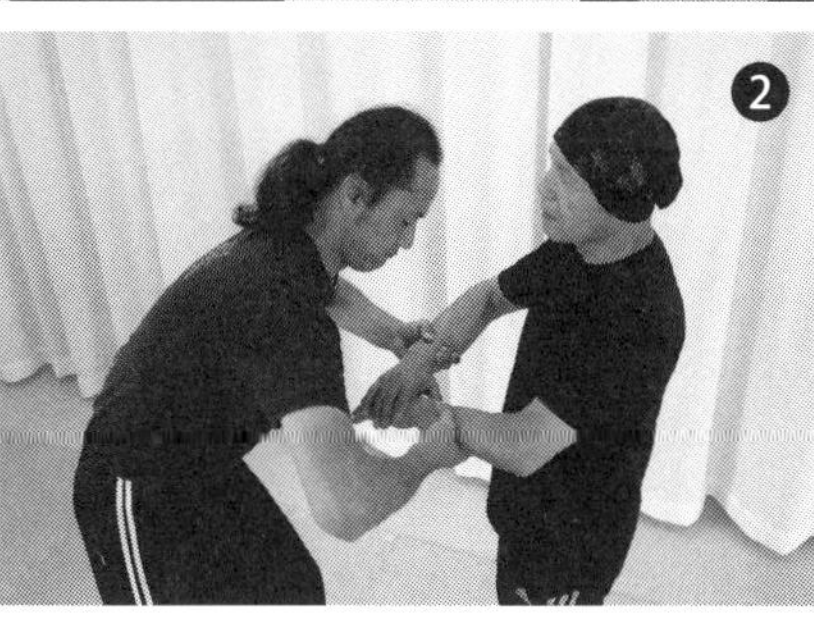
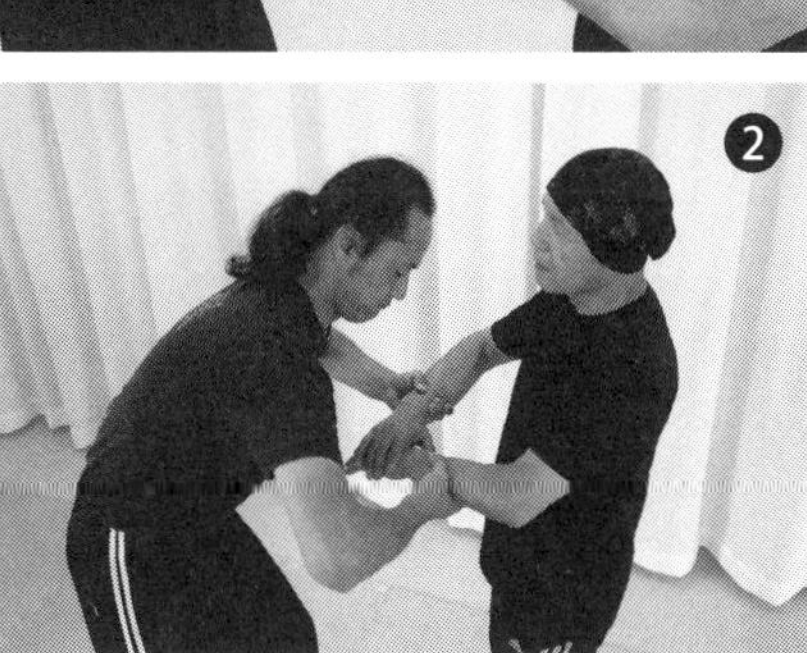

②受けの掌と自身の掌でむすびを体感する

接触面を感受すれば離れなくなるという実験を、受けと対向して行ってみましょう。

取りは丁寧に両掌を差し出します。受けは、両掌をその上に乗せます。

取りは、受けの手の重みを感じてから、「こちらへ動きますよ」という気持ちでゆっくりと後ろへ歩きます。すると、手が離れずについてきます。これが二人のむすびです。

③右腕を掴ませてしゃがませる

受けには、取りの右横に並んでもらって立ちます。受けは左手で取りの右手首を掴みます。

取りは受けの掌の接触面を感じて、「一緒にしゃがみましょう」という気持ちで腕を下に伸ばすか、体を少し下ろすと、受けはしゃがんでしまいます。小さな動きで良いのです。受けの細胞に「しゃがむ」という一意を受け取ってもらうには、丁寧な動きが大切です。

ちなみに、受けが取りの左横に立って、取りの左手を掴んだときは、少し下ろしにくくなります。左手の場合は、気の流れの影響で引き上げるほうが容易なので、ちょっと引き上げてから下ろしてみましょう。

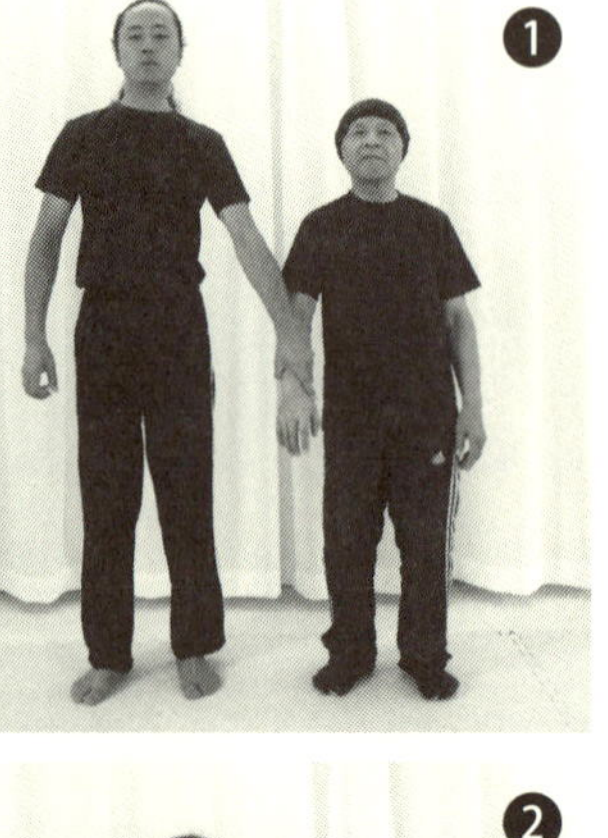

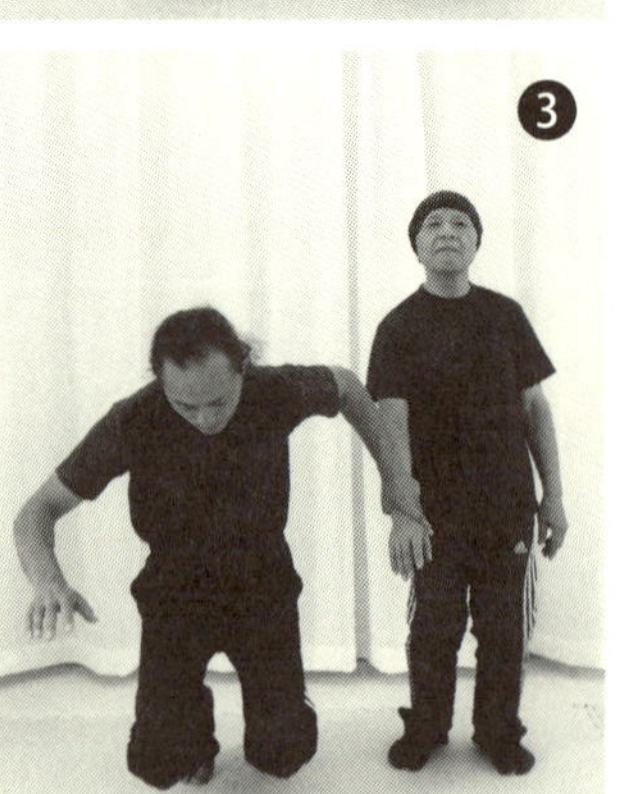

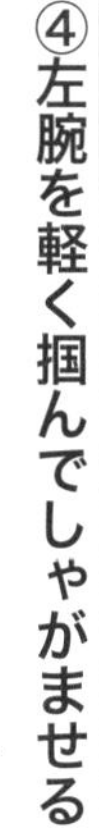

④左腕を軽く掴んでしゃがませる

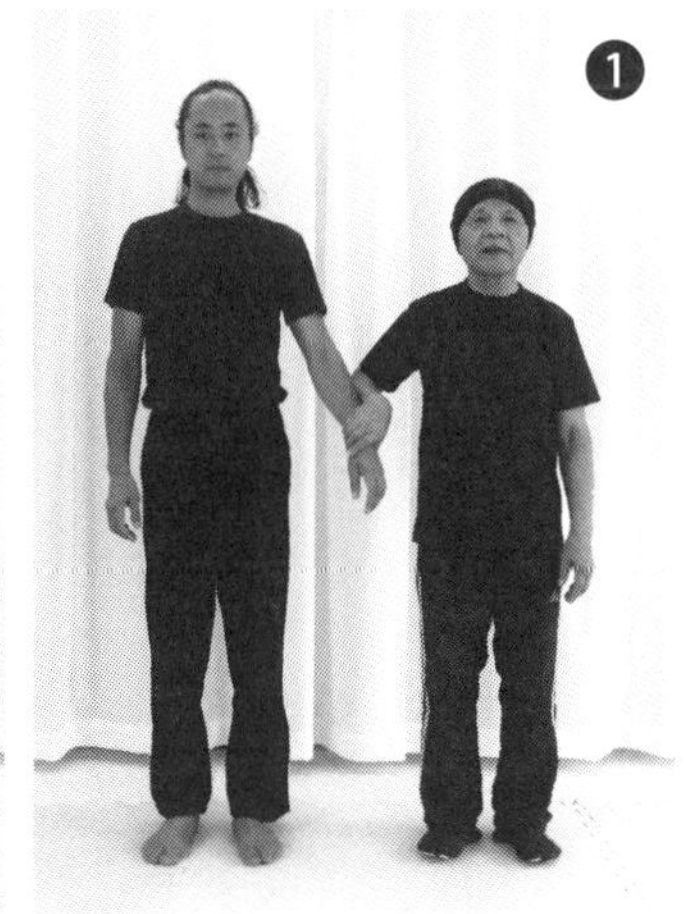

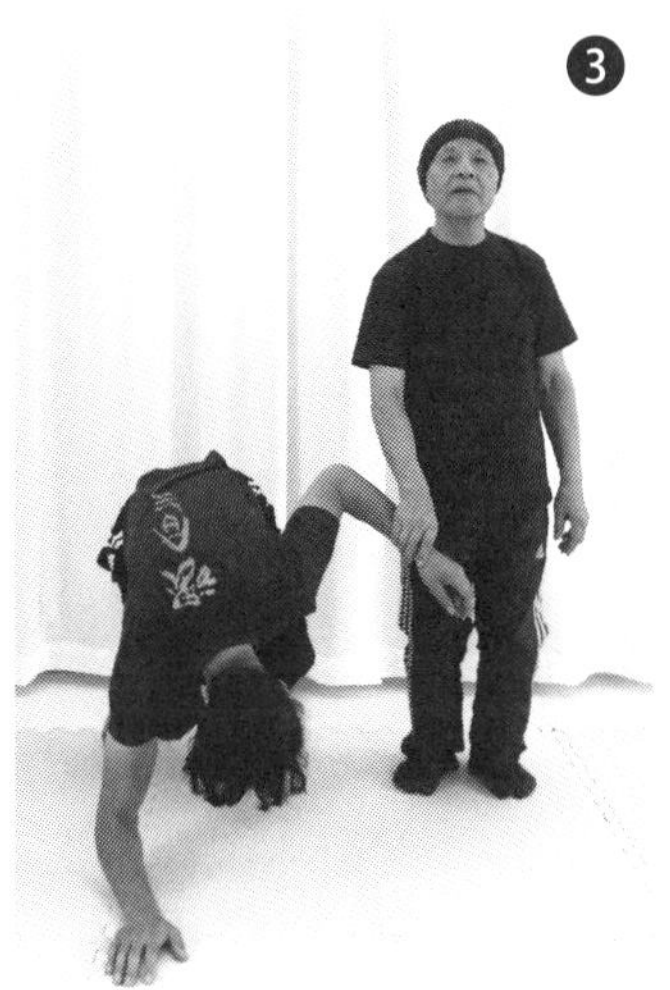

受けに掴ませたときと同様、受けに右横に並んでもらって立ちます。受けの左手首を、掴むというよりも右手で軽く触れて、同じように行ってみましょう。触れるか触れないかの微妙な感じで、丁寧に行うことがコツです。

⑤棒を介してむすびを体感する〈その1〉

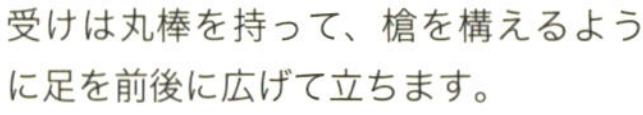

受けは丸棒を持って、槍を構えるように足を前後に広げて立ちます。
取りは棒の手前に立ち、棒の手前から先端まで、気持ちをスーッと通してから、棒に掌をそっと近づけ２〜３秒停止します。気持ちが空（くう）になったら棒に軽く触れ、丁寧に棒を前方へ動かすと、受けは動きます。
棒に掌を近づけて数秒そのままでいると、受けにもむすびの不思議な感じが伝わります。受けも、その独特の感覚を体験してください。「動いてしまう」という前触れの感覚です。

⑥棒を介してむすびを体感する〈その2〉

受けは両足を横に開いて立ち、棒を両手で持って水平に差し出します。取りは少し離れた位置から風帆の歩きで近づき、棒の真ん中に右掌を丁寧な気持ちで上からそっと近づけ、２～３秒停止します。頭が空(くう)になったら棒にそっと触れると、受けは腰が抜けて尻餅をつきます。

取りが空になって近づけば、掌が棒に近づくだけでも受けは尻餅をつきます。「後ろに転ぶ」という一意を、掌からの気（電磁波）で細胞が受信して崩れるのです。

⑦座った受けの肩に触れて転がす

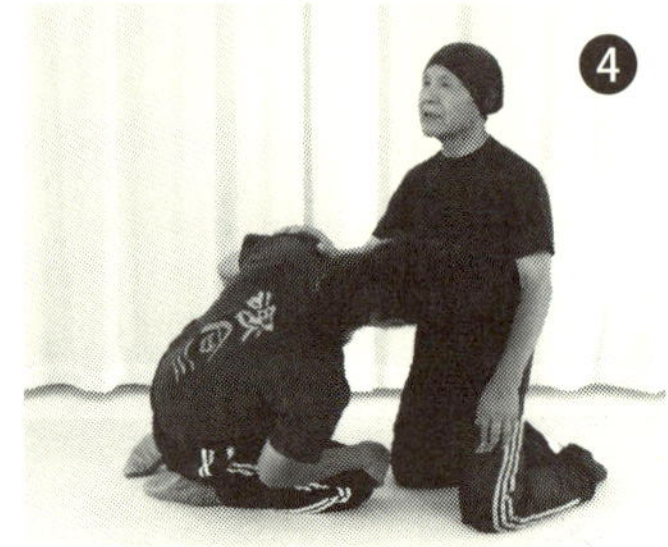

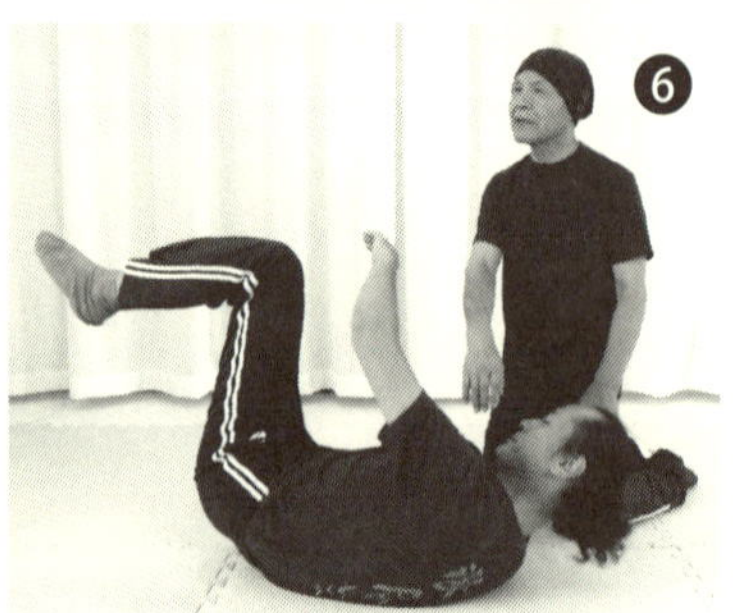

正座で座った受けの前で、取りは両膝立ちになります。右掌を受けの肩に横から丁寧な気持ちで近づけて２～３秒静止します。いきなり触れずに間を空けるのは、掌からの気（電磁波）が「そこに転がります」という一意を伝えるからです。そして、右掌を受けの肩に軽く触れて動かすと、ふんわりと転がります。

これも、受けの細胞が取りの柔らかい一意を受けて、「転がっても良い」という気持ちになるからです。

⑧立っている受けの肩に触れて後ろへ転がす

受けは、普段の姿勢で立ちます。取りはムカヒの気持ちで右掌を受けの右肩にそっと前から近づけて、1～2秒静止します。そして掌で触れて、後方に（倒れる方向に）掌を動かします。

受けの感受性が高いと、上斜め前方から掌を近づけただけでも倒れ始めます。取りが仙骨呼吸で息を吸って（入れて）おくと、受けは転がりやすくなります。息を吐いては効きません。息を吸ったままで苦しくならないのが密息です。

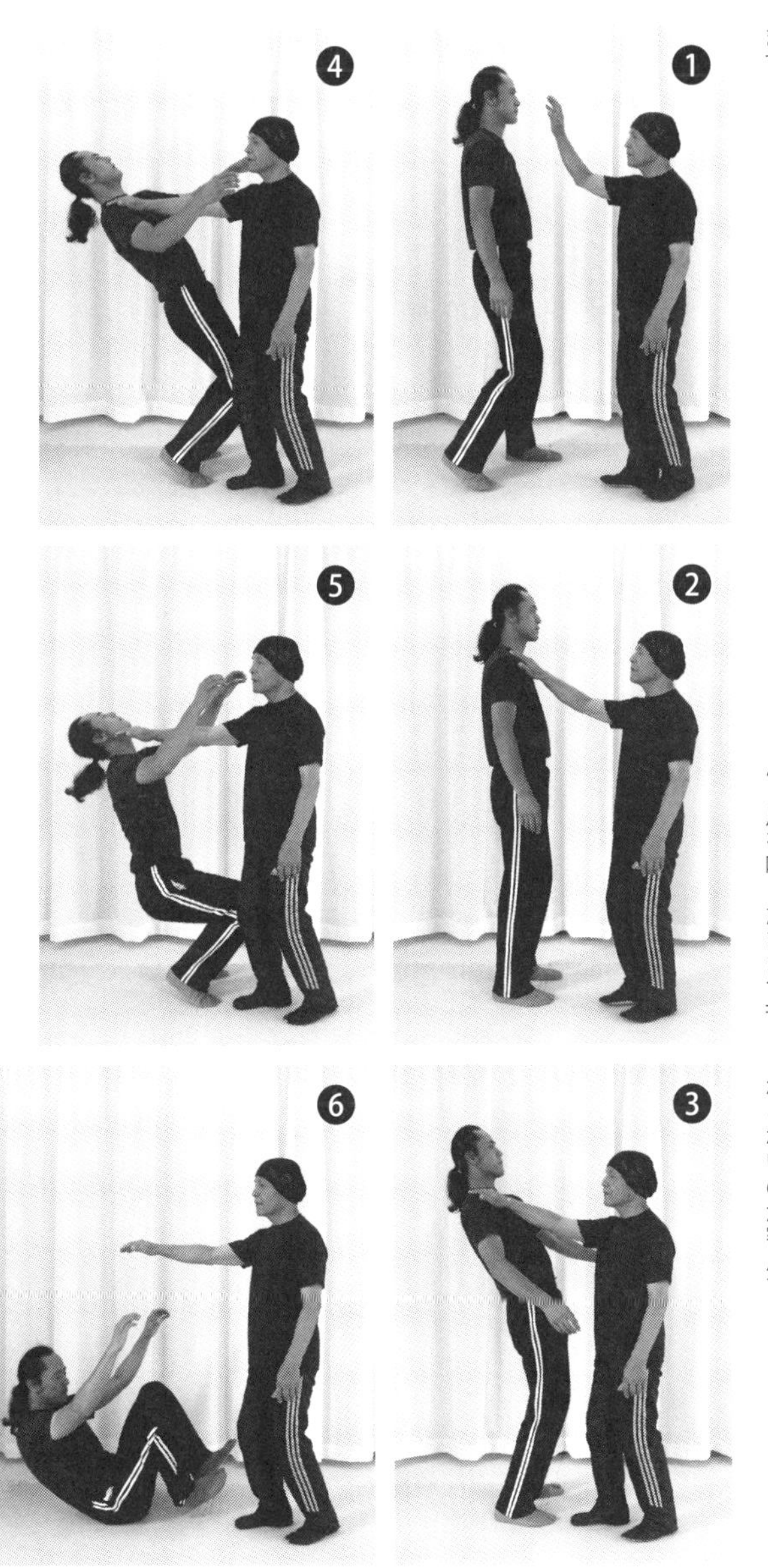

回って転がす

①後ろから両腕を掴まれて振り返って転がす

後ろから両手で両腕を掴まれます。その場で「だあれ？」という気持ちで両肩から振り返りつつ、足を使って回ります。立つ足に運び足をかぶせるようにして回ると、さらに良いでしょう（48頁「後ろへの方向転換」参照）。

受けと密接するほうが効きますから、手を引っ張られたときは、後退して近づき、両手を自分の腰につけて回ります。受けは振りほどかれて転がります。

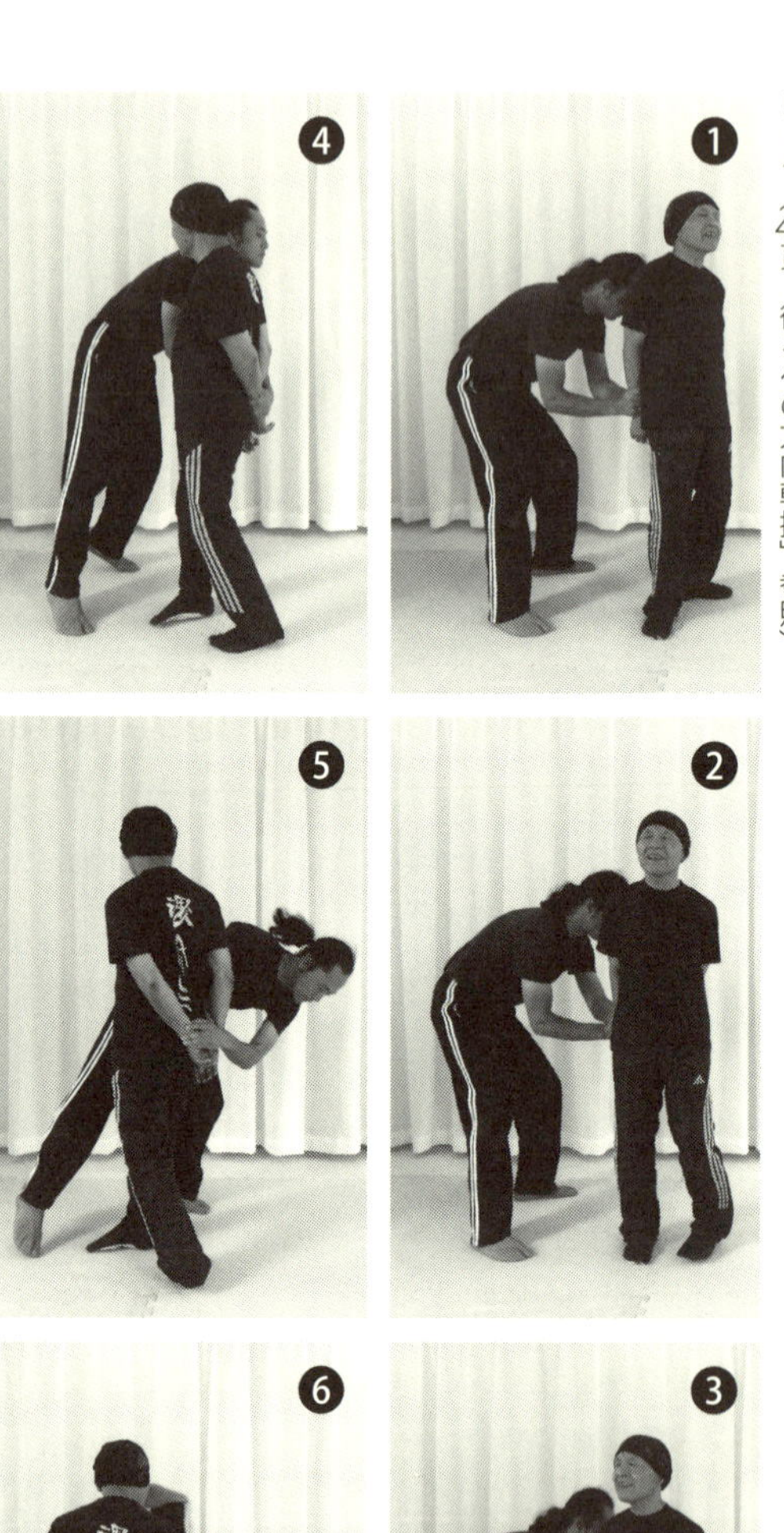

②後ろから右腕を掴まれて振り返って転がす

受けは背後から右手で、取りの右腕を掴みます。取りは逃れようとせずに、逆に体を寄せて足を使って右に回ると、受けは転がってしまいます。

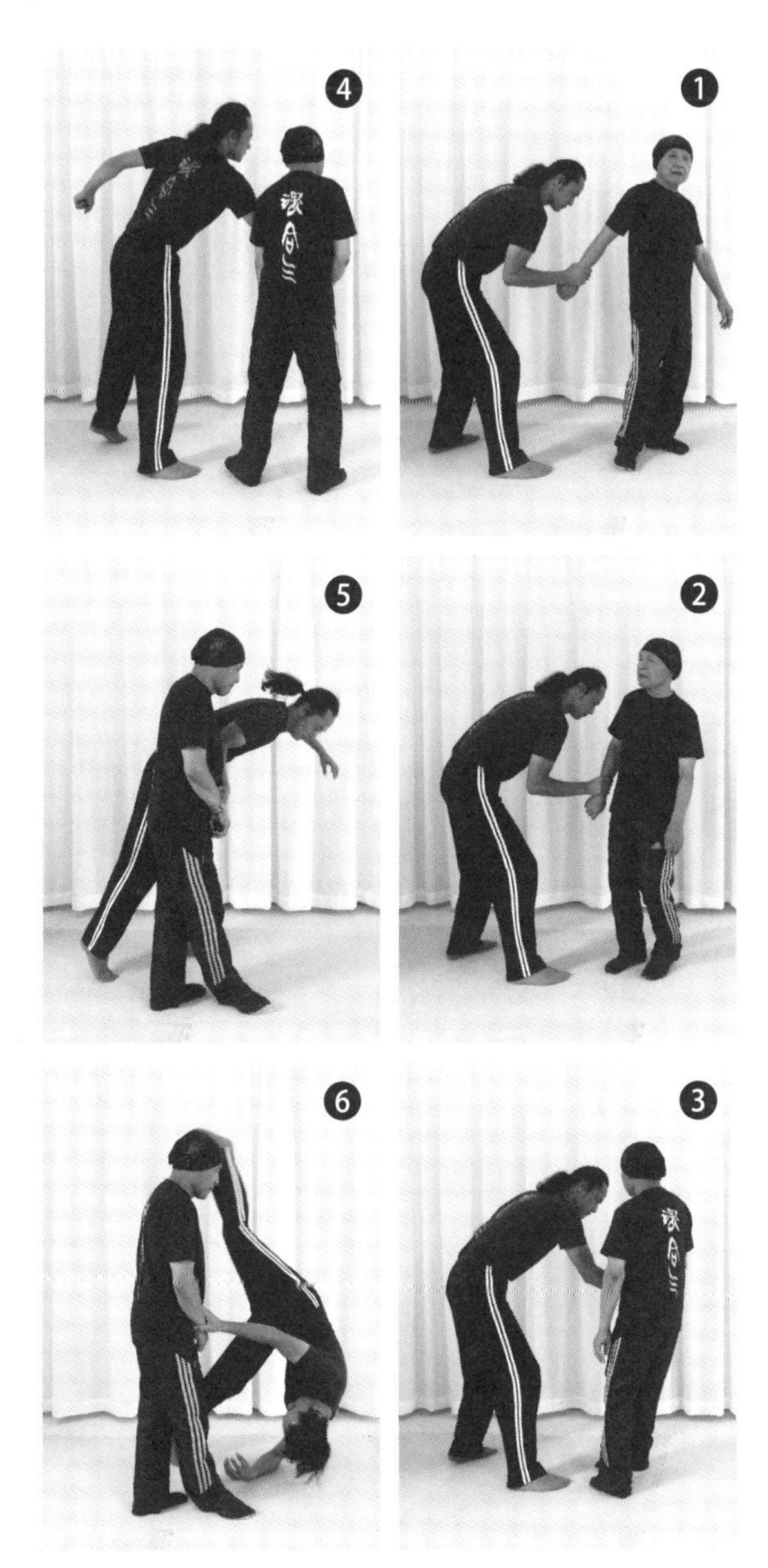

③前から腕を掴まれて回って転がす〈その1〉

受けは歩いてきて、取りの両腕を掴みます。取りは自分から受けに少し近づいて両手か両肘をお腹の両脇につけ、歩いてその場で回ります。すると、受けは転がります。

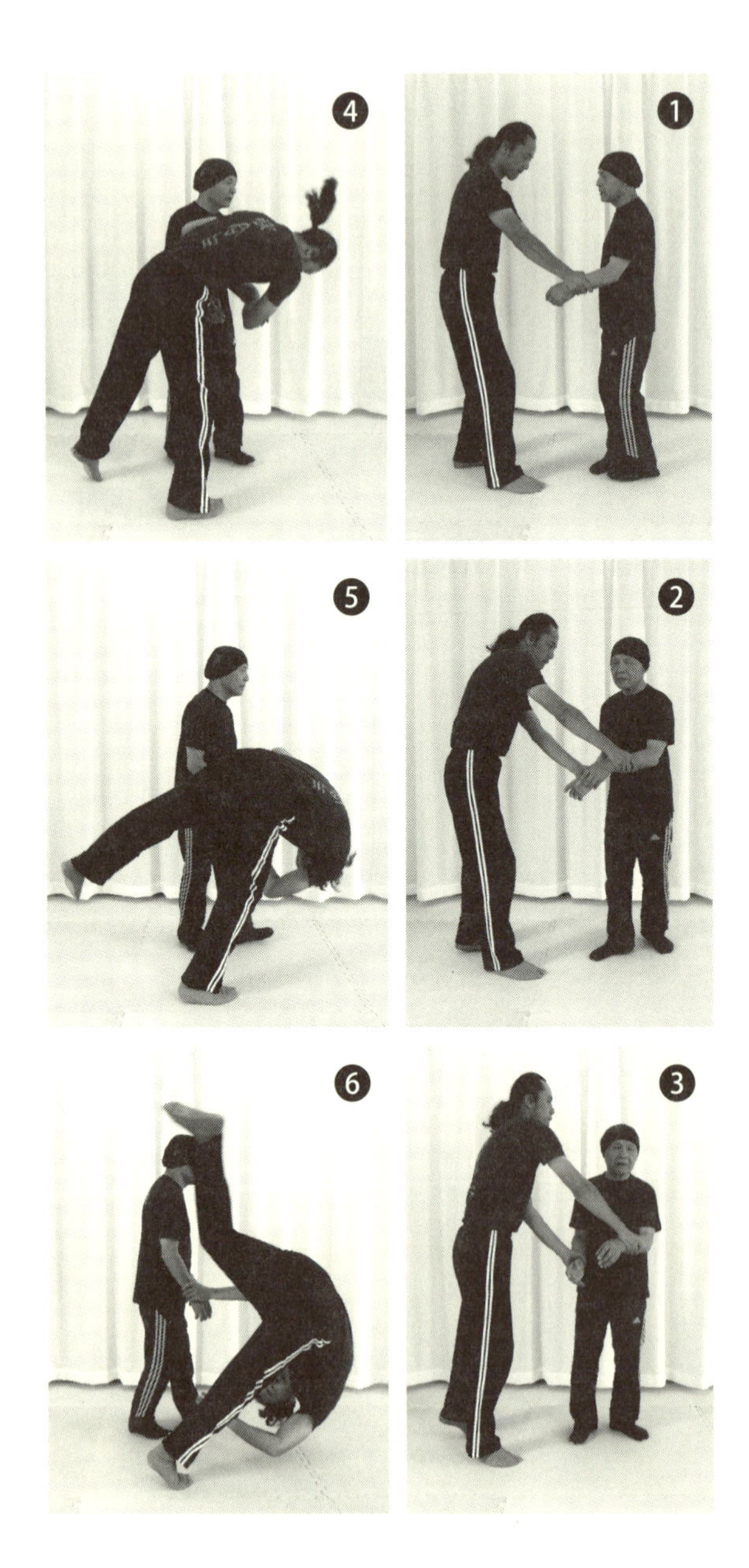

④前から腕を掴まれて回って転がす〈その2〉

受けは歩いてきて、取りの両腕を掴みます。体を柔らかく使って両腕をその場所に残すようにして、歩いて半回りもすれば、受けは転がります。

掴まれた箇所を動かそうとすると受けに動きをキャッチされやすいので、掴まれた箇所は動かさないほうが良いのです。脱力のまま動くため、力感のない動きになります。

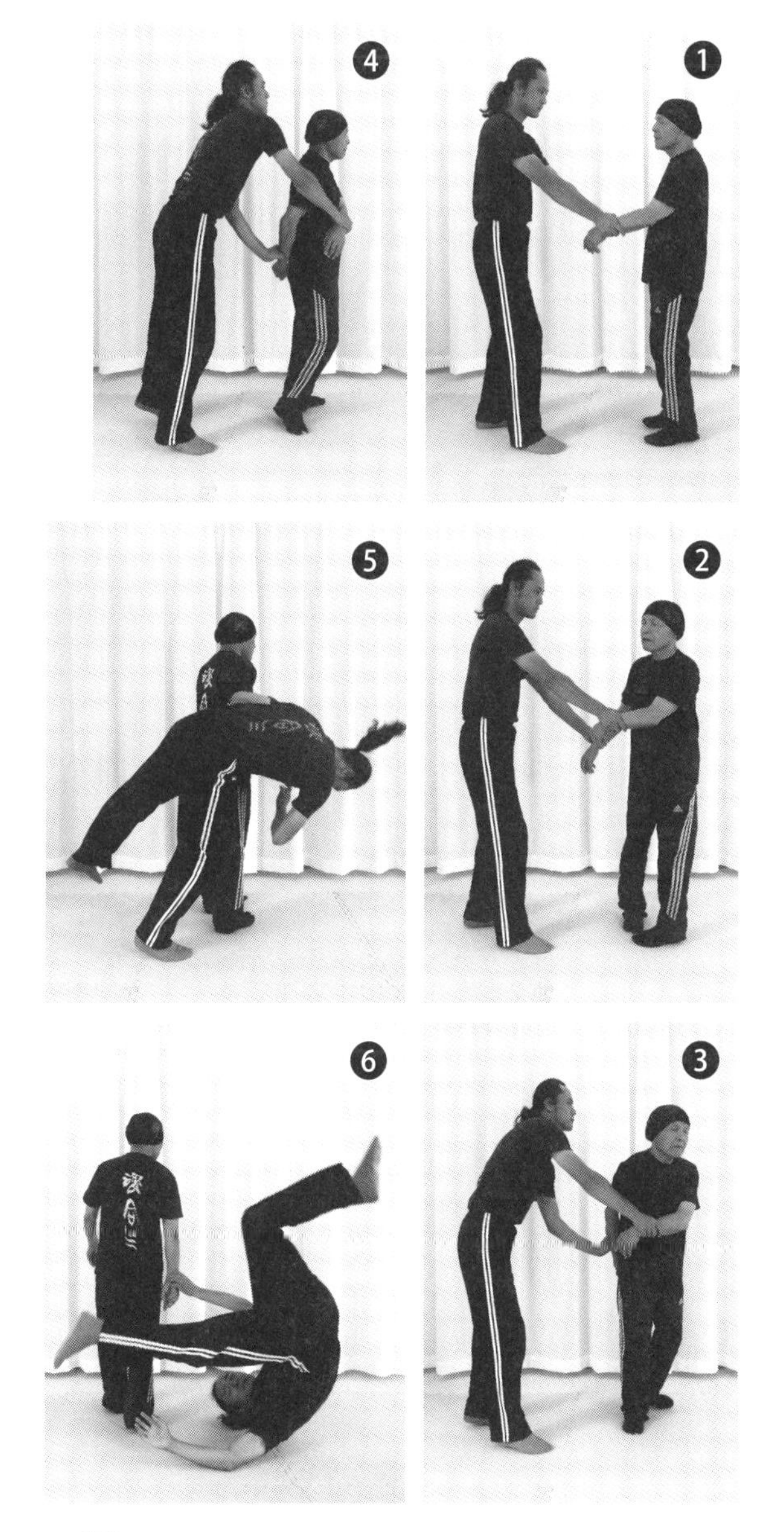

⑤抱きの手を使う

両肘を広げ、両手も大きく広げて、両腕で大きな丸を作ります。肩甲骨は寄せて、五指の先を向かい合わせますが、形よりも抱く気持ちが大切です。

受けが両手で襟首を掴んできます。掴まれる寸前に「抱きの手」で抱くように、その位置で回ると受けは転がります。

ちなみに腰が緩んでいれば、受けが首を絞めたとしても力が入らずに転がってしまいます。

⑥掴まれる寸前に抱きの手で転がす

受けに掴まれてから転がすよりも、掴まれる前に転がすほうが自然です。受けは取りの襟首を掴もうと攻めてきます。前重心で立っていると間に合いません。ところが、抱きの手を作って、マノスベの姿勢で空になっていれば、なぜか間に合います。

掴まれる寸前に、受けを抱くようにして歩いて振り返ります。すると、受けは取りに触ることもできずに転がります。

手を動かす

腕を動かすときに、腰や胸が少しでも動いてしまうと、効きが薄れます。肩関節で体と分離して腕を動かせるように、稽古をしてください。

特に腰が動きやすいので、腰から下を緩めることで解決します。また、上体を天から吊り下げたと思って、上体が前後左右に傾かないようにします。

①両腕を掴んだ受けの肩が上がる

ゆっくりと浮いていくかのように丁寧に腕を上げていくと、浮力を持った手ができます。その手を差し出します。

受けは歩いてきて、その両腕を掴みます。すると、掴んだ受けの肩や踵が上がってしまいます。そこから、取りが両腕を前に差し出すと、受けがのけ反ります。

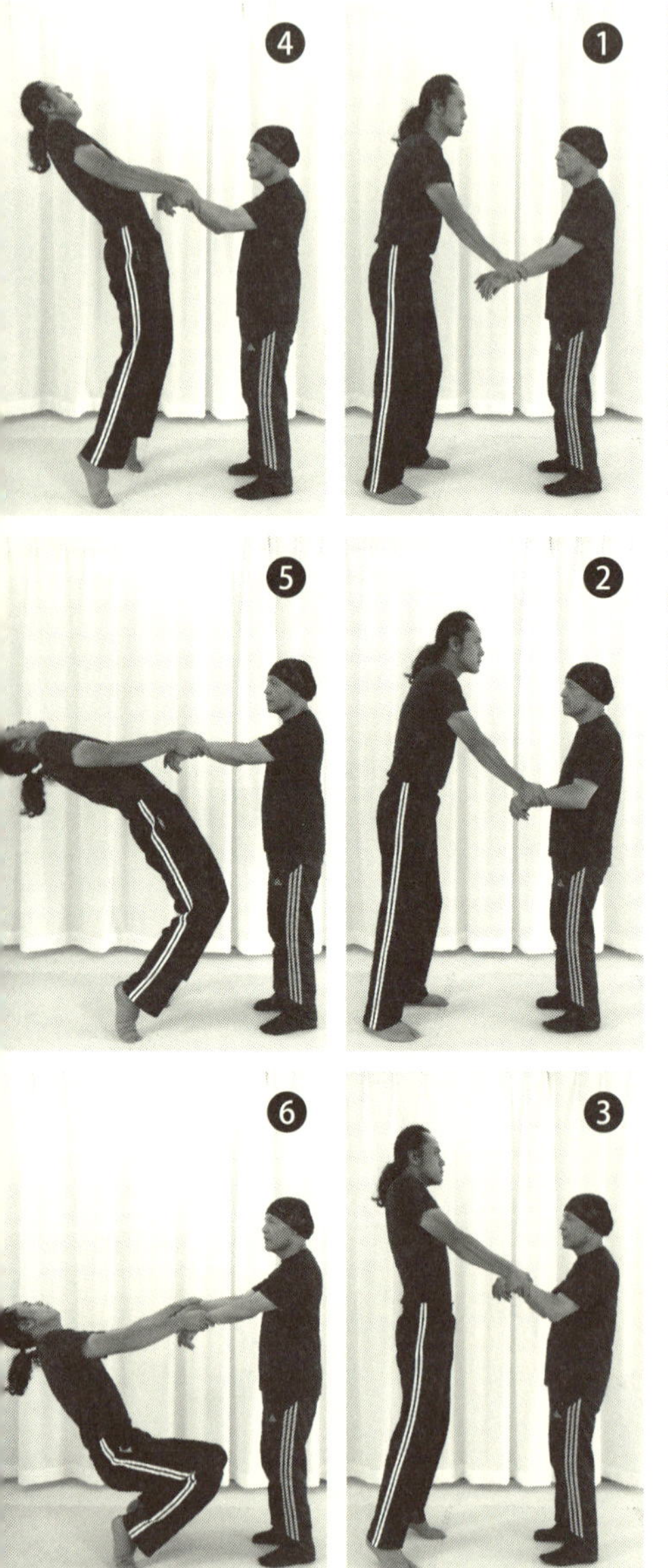

②左腕を掴ませて引いて転がす

掌を下向きにして、左手を差し出します。受けは歩いてきて、右手で取りの左腕を掴みます。

受けは、その接触面を感じてから、ゆっくりと引きます。この場合も、肩甲骨の下側を寄せておきます。これは、肩を後方に寄せて、肩の支点を後ろに固定しておくためです。なぜならば、引くときに肩の支点（同転の軸）が、前側から後ろ側へ動くと効かないからです。

このように、必要のない動きをなくした単純明快な動きが良いのです。

ちなみに、このように肩の支点を固定した腕の動きができると、肩の痛みや五十肩などが消えてしまう例は多いです。

③掴ませた左腕を左に回して転がす

左腕の肘を柔らかく伸ばして、掌を下向きにして差し出します。肩甲骨の下側は寄せておきます。

受けは右手で、取りの左腕を掴みます。取りが接触面を感じて掌を柔らかく上げると、受けの肩は上がってしまいます。そこで左腕をさらに伸ばして、左に回します。そして腕を下ろすと、受けは転がります。

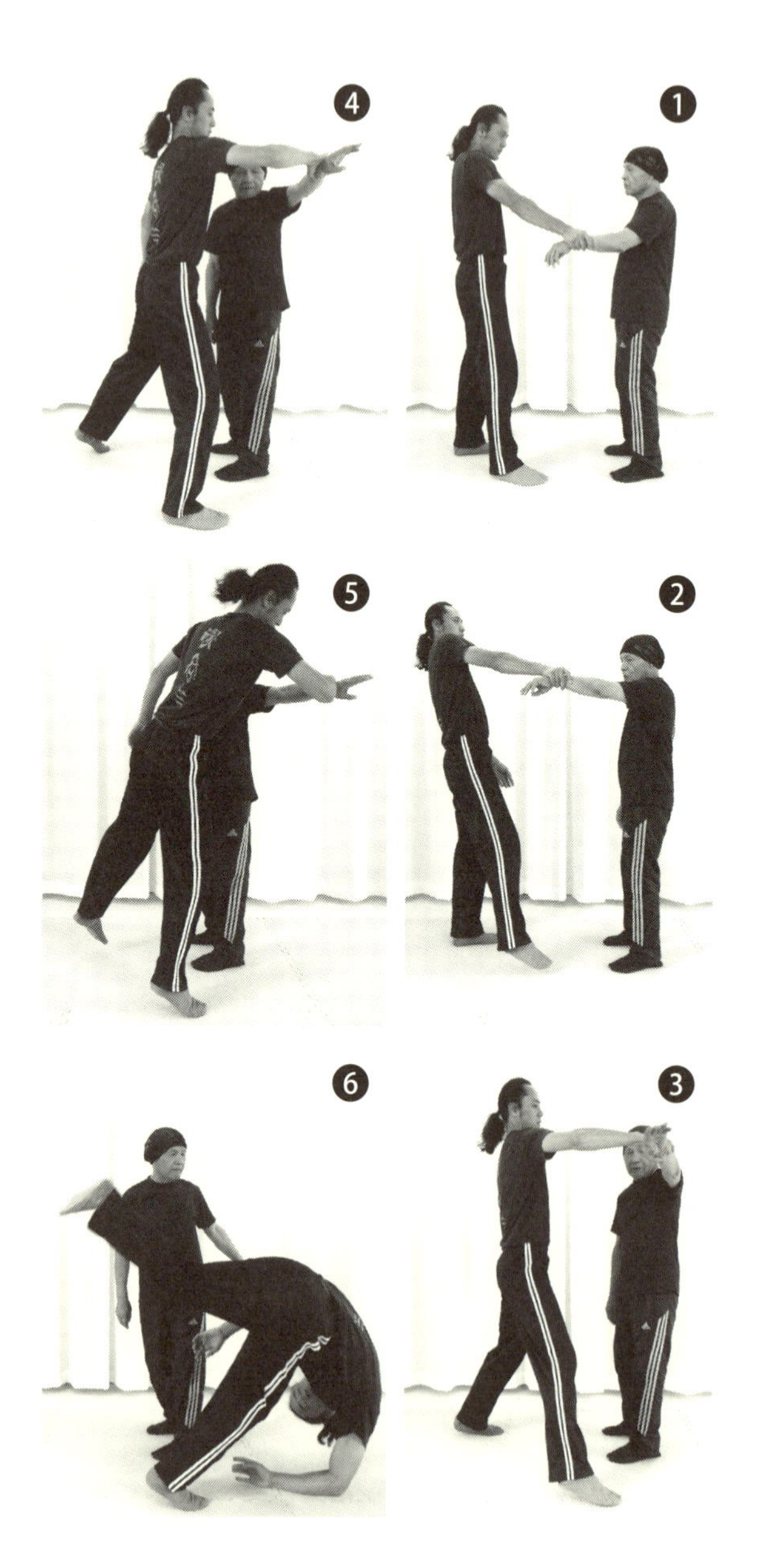

④掴ませた左腕に右掌をかざして転がす

取りは、丁寧に左腕を差し出します。受けは歩いてきて右手で掴みます。

取りは、左腕も体も動かさずに、右掌を左腕にかざすように持ってきて、右掌を下げると左腕も下がり、受けは腰が抜けて転びます。

ちなみに、右腕を掴ませた場合は、左掌をかざさなくても、そのまま右腕を下げれば効きます。

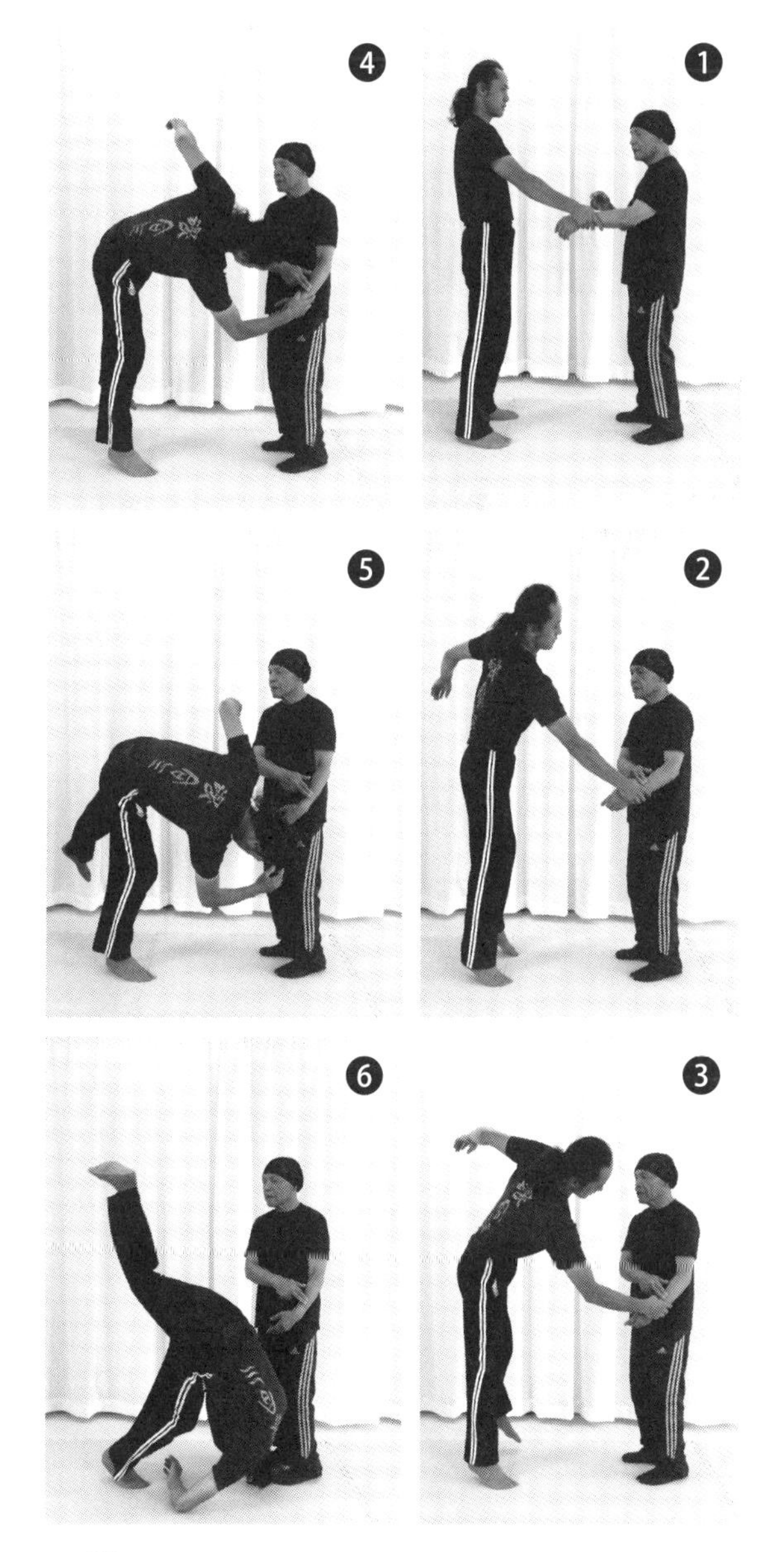

⑤受けが襟元を掴む前に転がす

受けが、取りの襟元を掴もうとします。取りは、あらかじめ浮かせておいた掌を、受けの腕に真上から軽く乗せて、そのまま接触圧を変えずに手を垂直に下ろします。すると、受けは腰が抜けて崩れます。腕に手をかざすだけでも崩れる人は、感受性が高いのです。

この技は、天から吊り下げられた姿勢で、うなじ（首の後ろ筋）もなるべく後方の位置で垂直にして、トロンとした空の状態で行います。

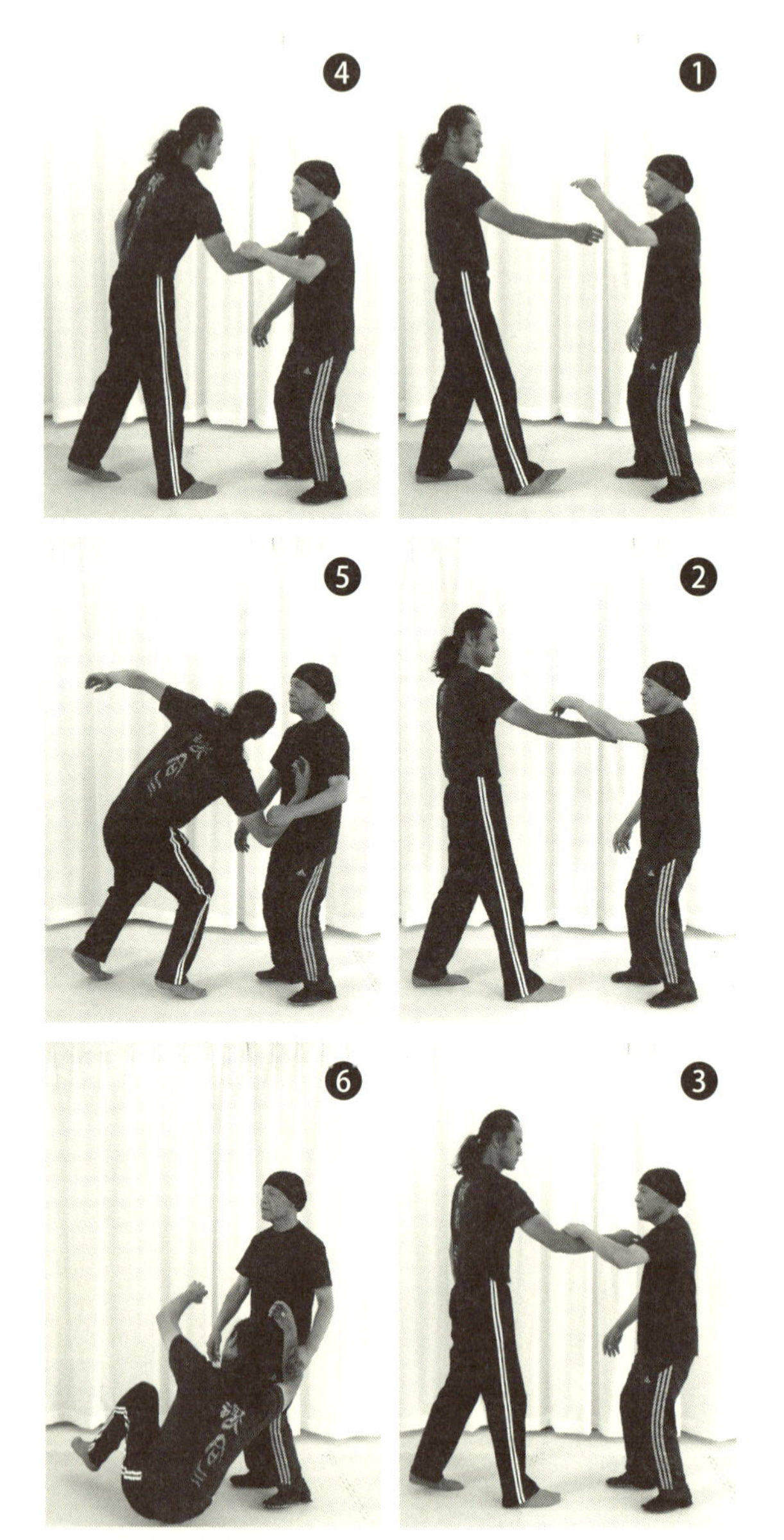

⑥下から押さえられた右腕を下ろして崩す

右腕を高く上げて掌を下に向けます。受けはその腕を下から両手で支えます。

肩をストンと落として、腕の重みを自分の肩口で受けます。なぜなら、腕を下げるときに肩の支点が上から下へ動くと効かないため、肩の支点を下げておくのです。

五指をだらりと下げて力を抜きます。気持ちが空になったら、真下に向けた掌を丁寧に下ろしていきます。すると受けは、腰が抜けて崩れます。「この姿勢ならば、受けは崩れる」という一意に、受けの細胞は共鳴しています。

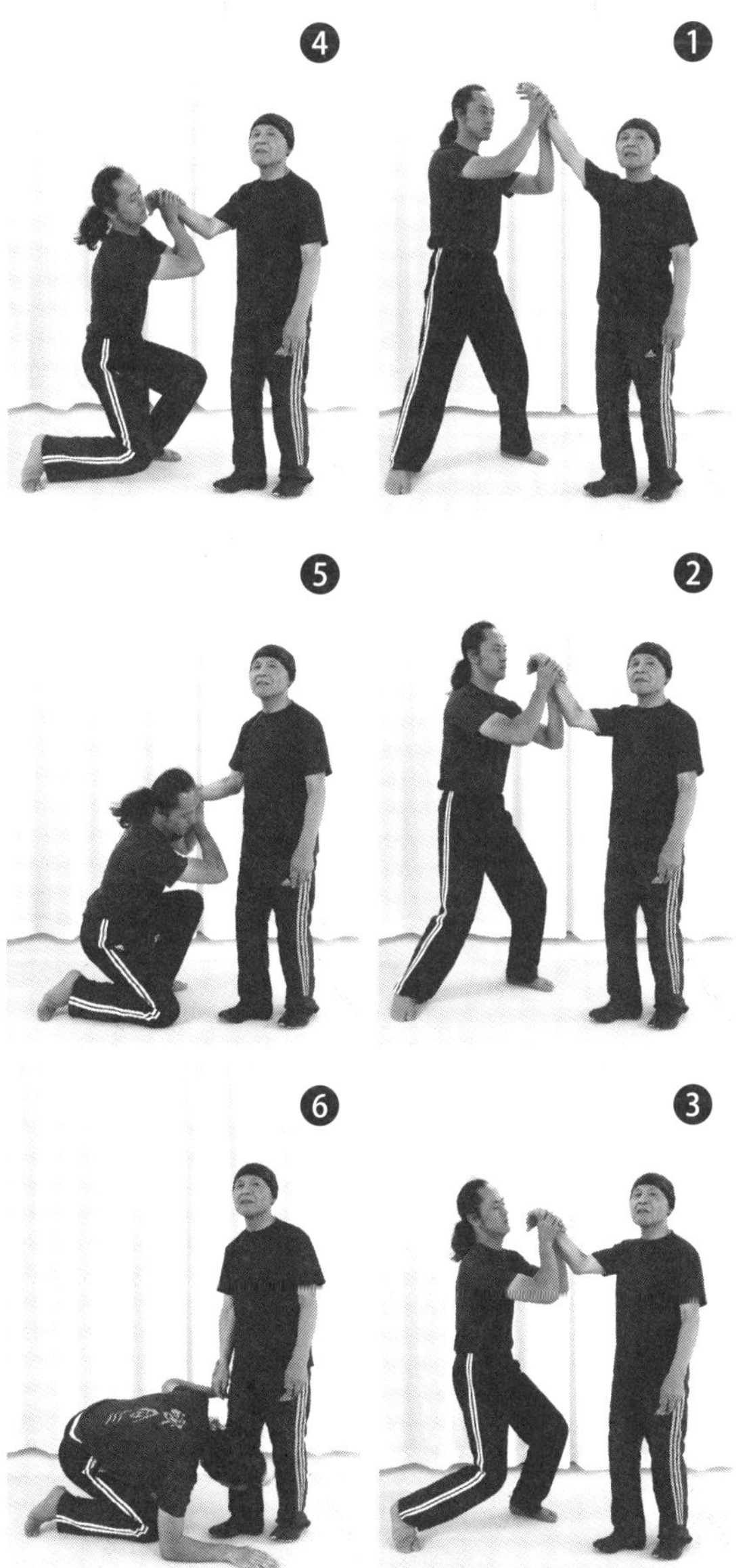

⑦両腕を横に振って転がす

受けは歩いてきて、取りの両腕を掴みます。取りは、指先をほんの数ミリ左へ向けます。この意味は「受けは左に動く」という一意です。受けが左へ動いたら、そのまま左方向へ両手を動かします。

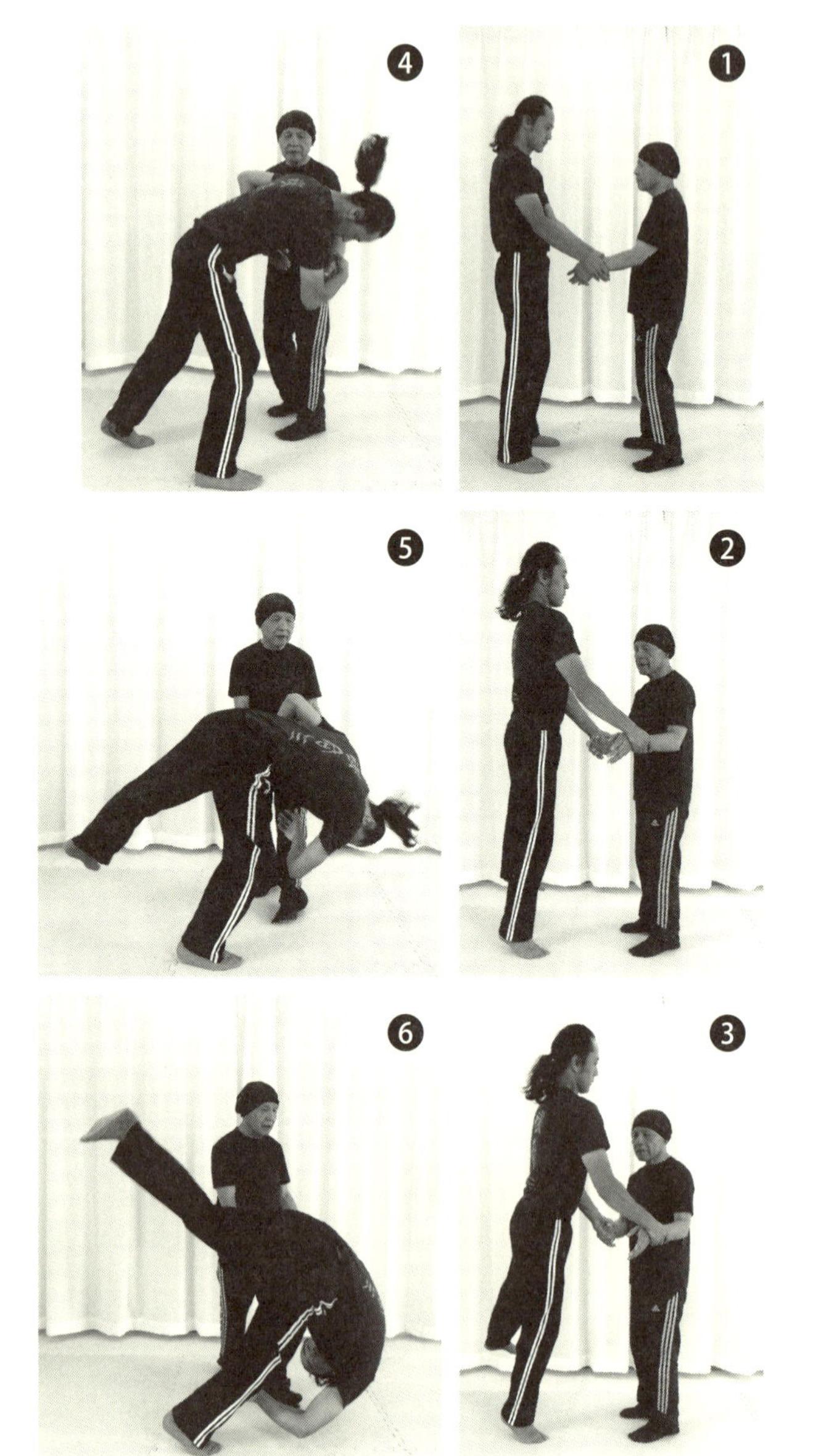

⑧右腕を掴ませて掌を返して転がす

取りは、掌を下に向けて右手を出します。脇は広げておきます。受けは歩いてきて、左手で取りの右腕を掴みます。取りは、中指を中心にして掌を返します。その際、手首で捻らないようにして、肘先を真横から真下方向に動かすように行います。本を開くように、掌を左から右へ動かして返すと効きません。

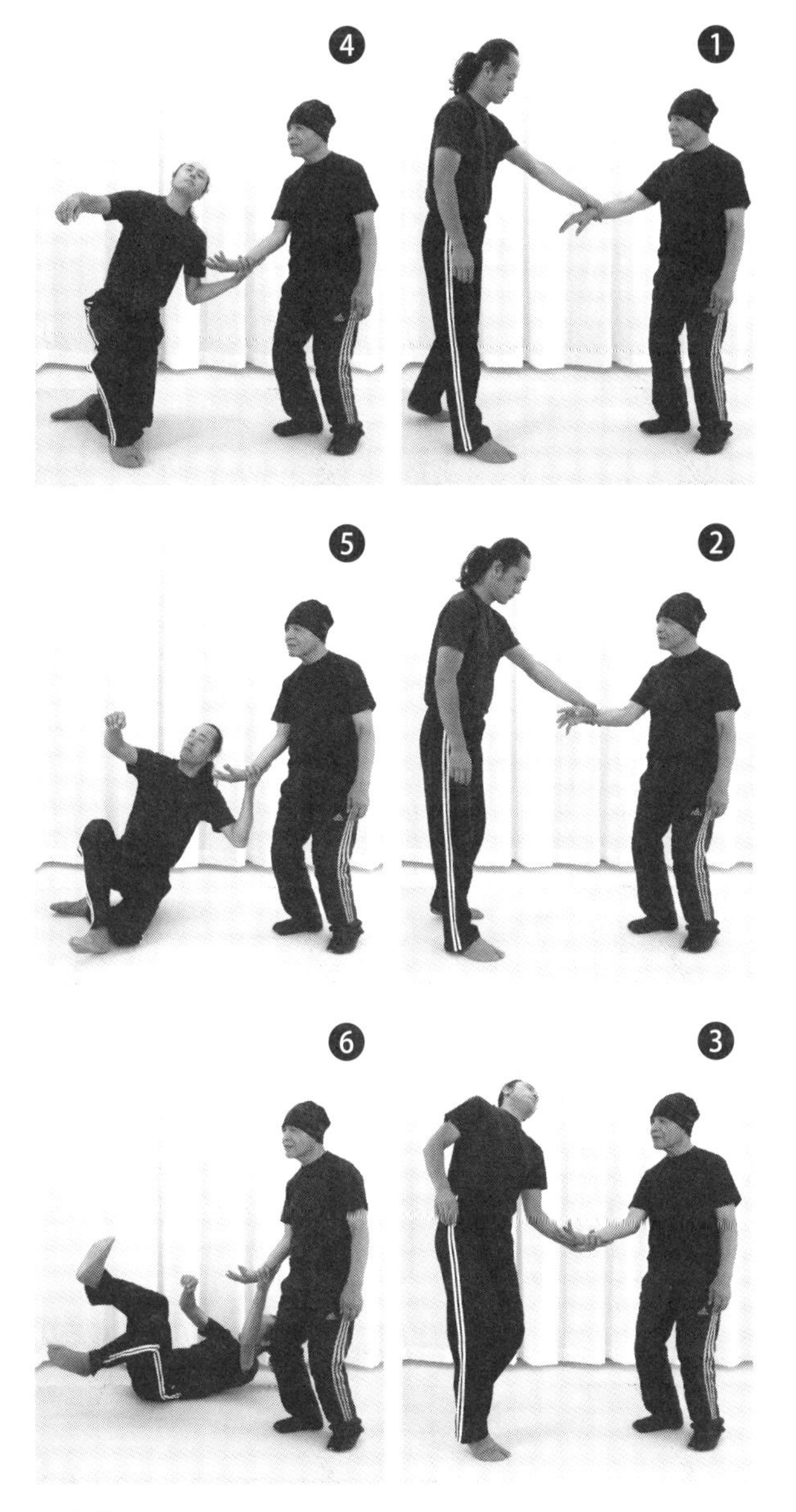

⑨両腕を掴ませてハンドルを回すようにして転がす

受けは歩いてきて、取りの両腕を掴みます。

取りは、両手で車のハンドルを持っているとイメージします。

そして、ゆっくりハンドルを左に90度切ります。このとき、右肘先が真横に、左肘先が真下に向くように動かします。すると、受けは転がってしまいます。

円の中心を作っておくこと（ハンドルのシャフト）を忘れずに。また、回すときに右肩が上がらないように、体を左に傾けないようにします。

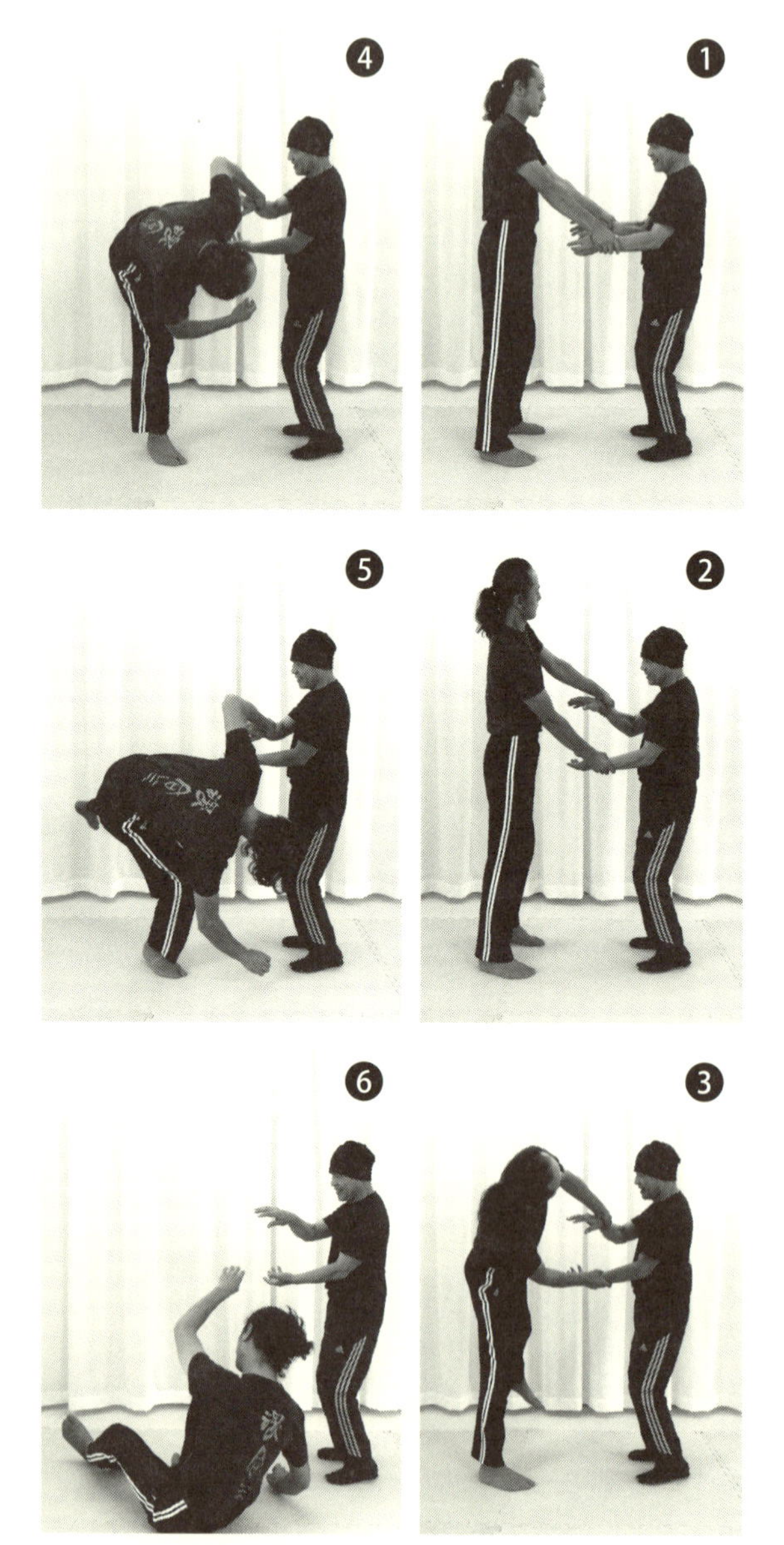

⑩合気上げ

足の親指は重ねずにそろえて、正座で座ります。肩を下げて肩甲骨の下側を寄せておきます。掌は腿の上に親指が手前になるように置き、脇が広がって肘先が外向きになります。お尻を後方に引いて仙骨に重心を置き、息を仙骨に吸って止めます。顔を上げて首筋を直にして遠くを見ます。口元は軽く開いておきます。

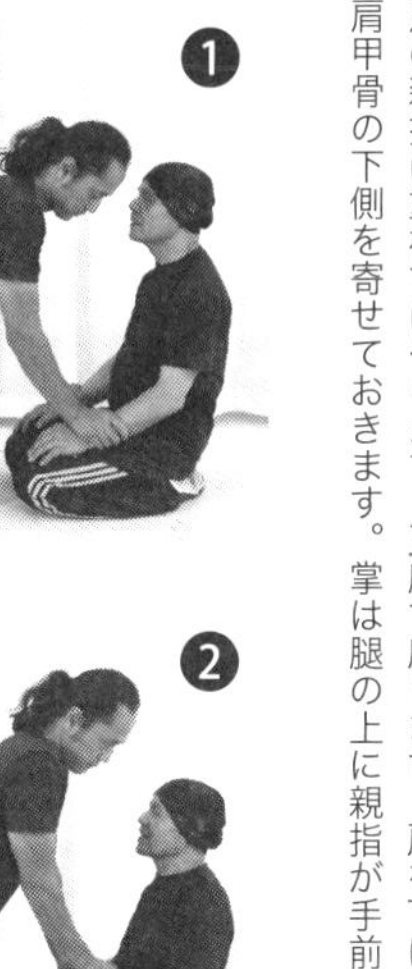

受けは、取りの両腕を上から押さえます。取りは、トロンとした優しい気持ちに切り替わったら、手を垂直のラインに沿って上げます。このときに五指をだらりと下げ、ティシュペーパーを掴んで引き上げるようにすると、腕の力が抜けるので、一つの方法です。

上げようと思うと上がりませんから、紐で手が引き上げられていくイメージで行ってみましょう。力の感じがなく受けを上げることを目的にしましょう。

一般的に合気上げの際は、重心を会陰（肛門と性器の間）に置いて座るようです。しかし、これでは重心が前すぎて体の力みが取れず、難しいと思います。

合気上げの技術は色々と研究されており、上げられない技術も研究されています。受けが体を固めて、気が流れない状態にすることもあります。一方、魂合氣はそのような技術ではなく気の流れの稽古ですから、これらのケースとは合気上げを稽古する意味が違います。

⑪両手を掴ませ、右手を左手に交差させて転がす

受けが、取りの両腕を掴みます。取りは左手を動かさずに、右掌を返しながら左腕と交差させて右手を下ろします。掴まれた右腕に力を入れずに返す練習です。これも、受けの細胞との同調なのです。

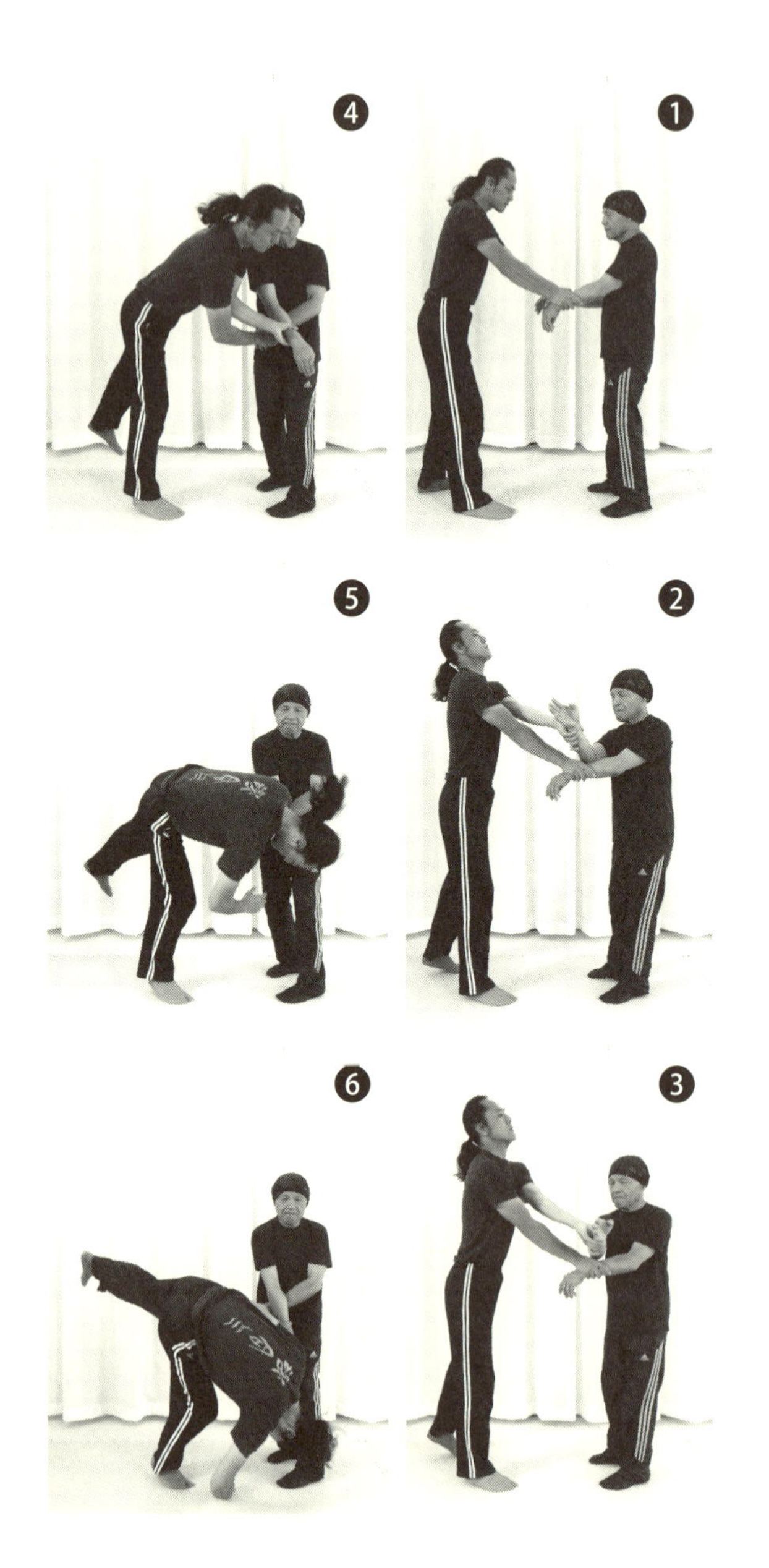

⑫左手を掴ませ、掌を返して転がす

取りは、掌を下に向けて丁寧に左手を出します。肩甲骨は寄せておきます。そして受けは、右手で掴みます。取りは左手を上げます。左手は、掌の気の流れの関係で上げやすいのです。そこから掌を返してみましょう。返すときは前腕を捻って返さないように、肩関節から動きます。肘先を横向きから下向きに返すようにします。そのとき　中指を回転の中心にすると良いでしょう。

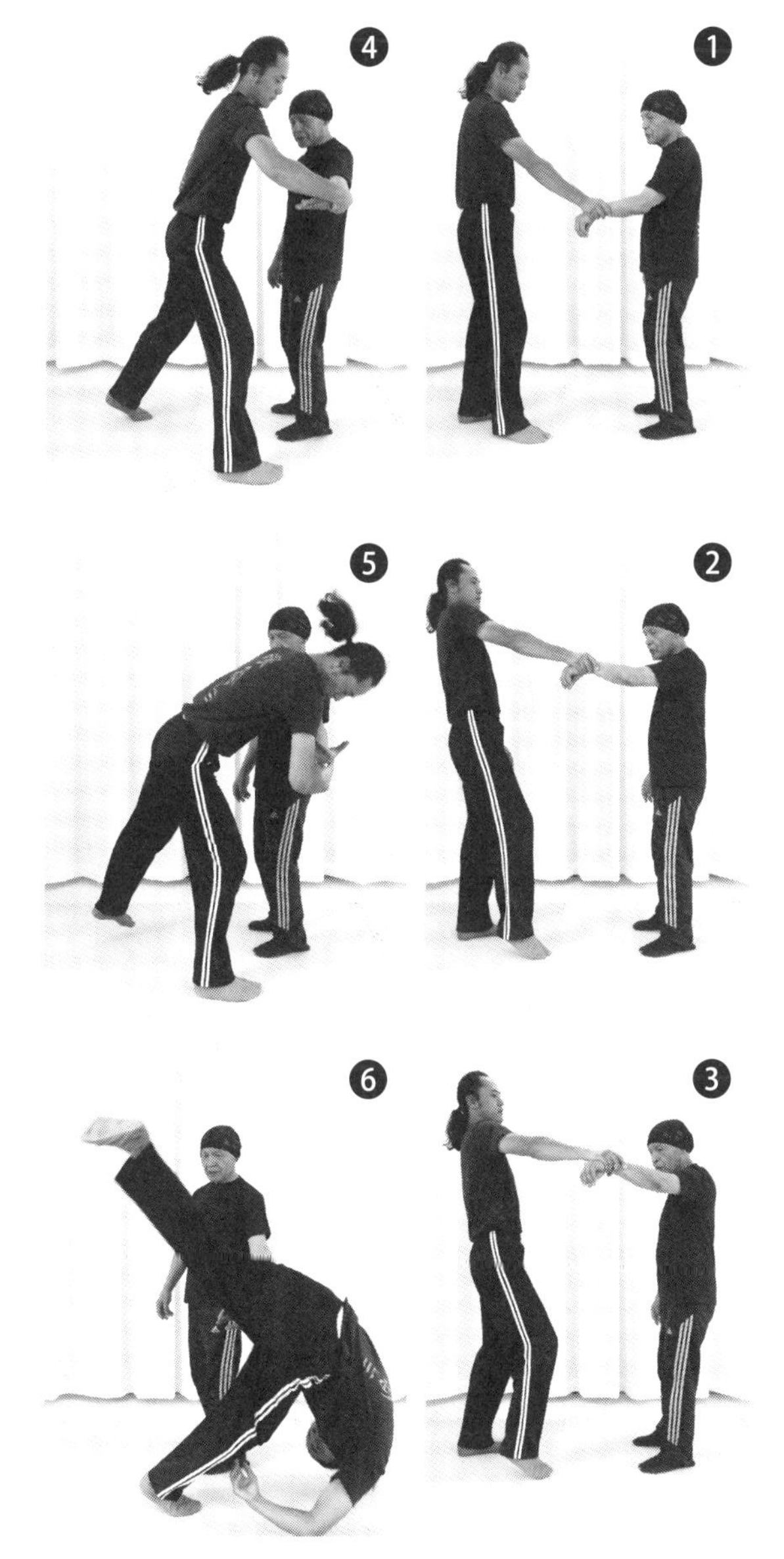

風帆の歩きを使う

①掴ませる寸前に風帆の歩きで間合いを変えて崩す

取りは、丁寧に両腕を差し出します。受けは歩いてきて、取りの両腕を掴もうとします。

受けが腕を掴む寸前に、取りは風帆の歩きで、小幅（10～20センチ）で2歩、前進します。すると受けはその瞬間に動けなくなり、腕を掴んだときには肩が上がってしまいます。

すると、簡単に転がすこともできます。

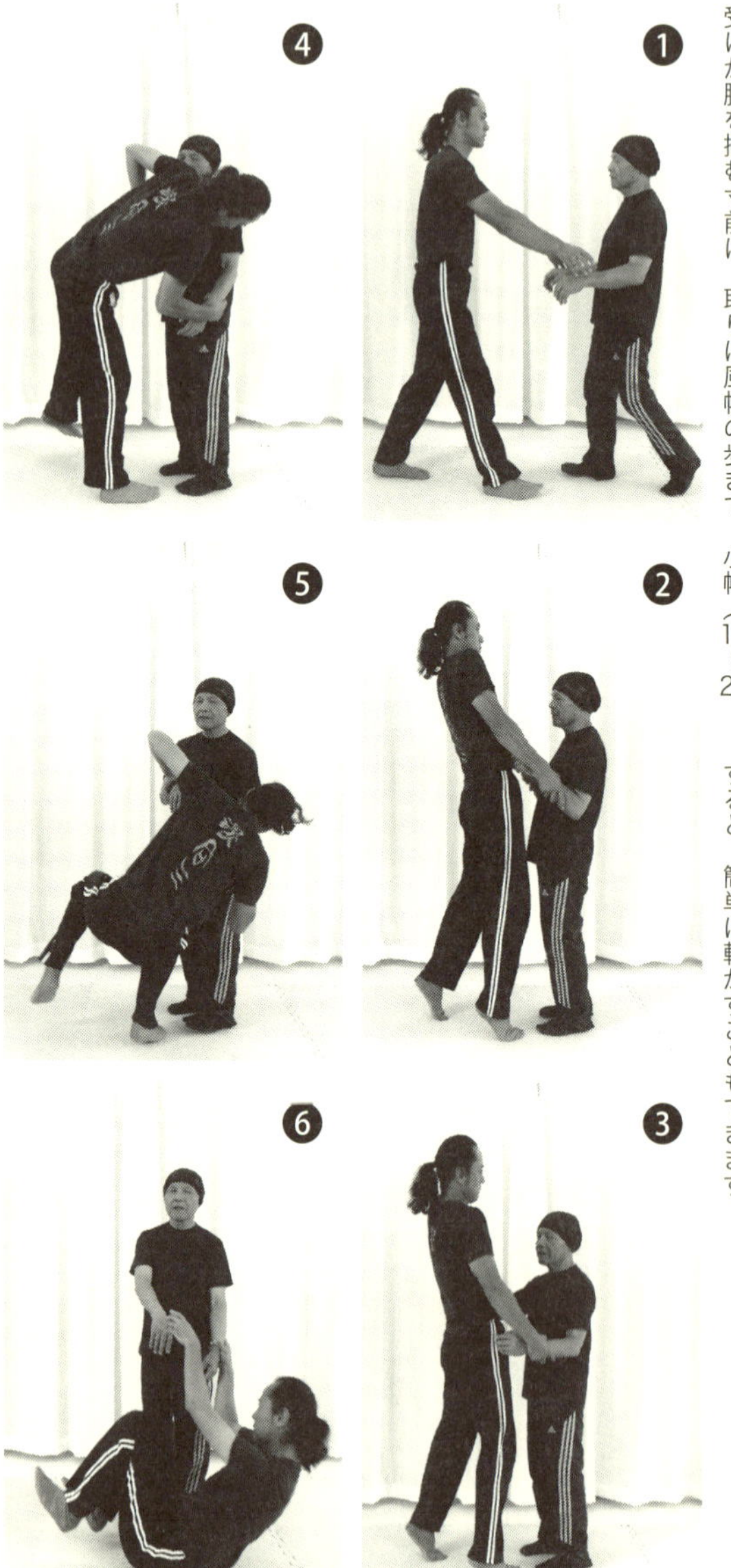

②風帆の歩きで近づき、体を下げて崩す

受けは普通に立っています。取りは受けの胸を見てむすび、風帆の歩きで近づくと、受けは共鳴して立っていられなくなります。取りが近づいて体を沈めると、受けも腰が抜けて崩れます。

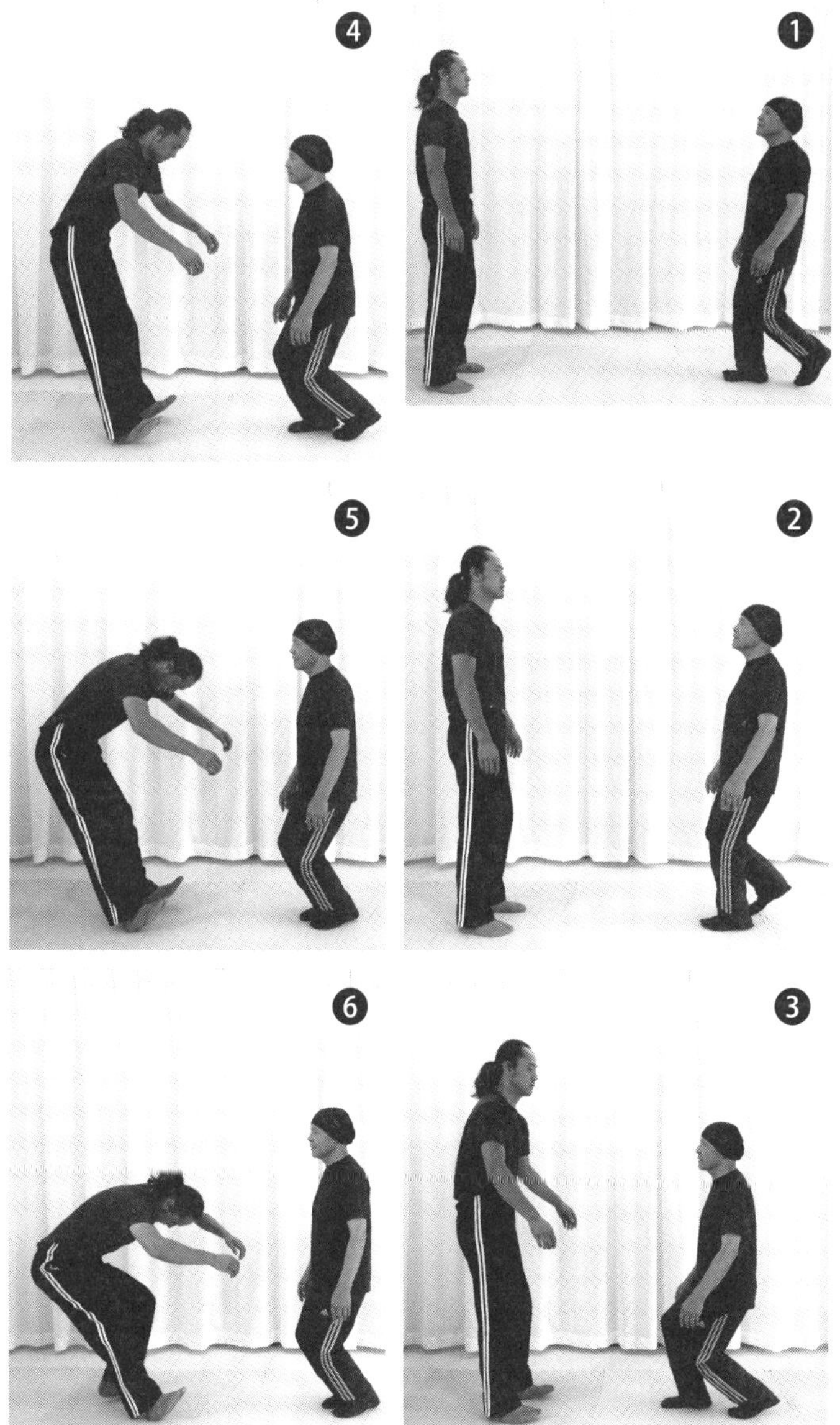

③歩いて近づき握手をして崩す

取りは、優しい気持ちになって風帆の歩きで受けに近づき、「やあやあ、お久しぶり」と言いながら右手を差し出して握手し、右手を下ろします。浮く手ができていれば、右手を下ろすだけでも効きます。左手を添えるときはかざすようにして、右手に触れるか触れない程度に保って下ろすと良いでしょう。あるいは小さくお辞儀します。お辞儀は鼠径部から曲げます。すると、受けは腰が抜けて崩れます。腕の柔らかさと丁寧な動きが大切です。

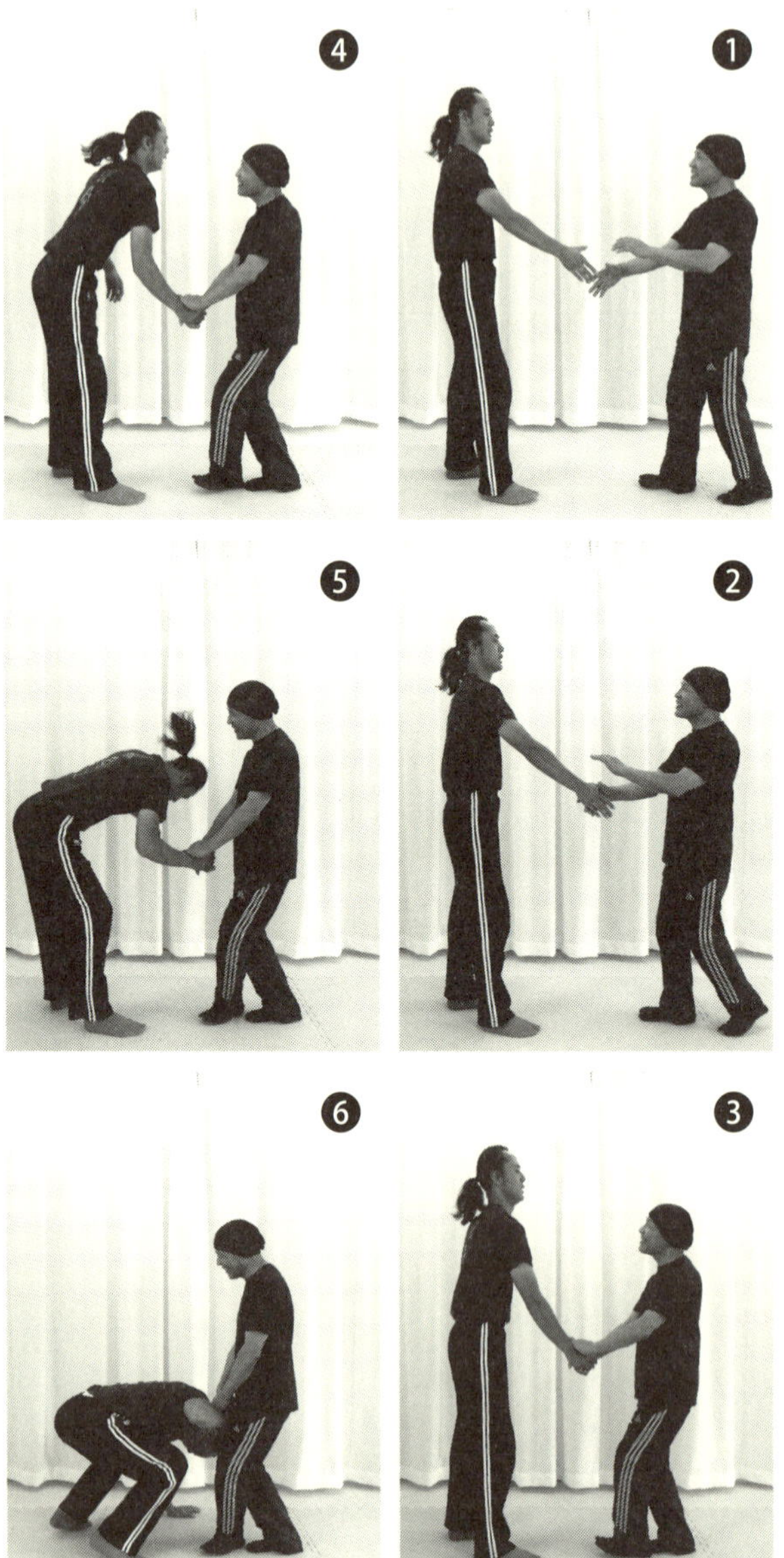

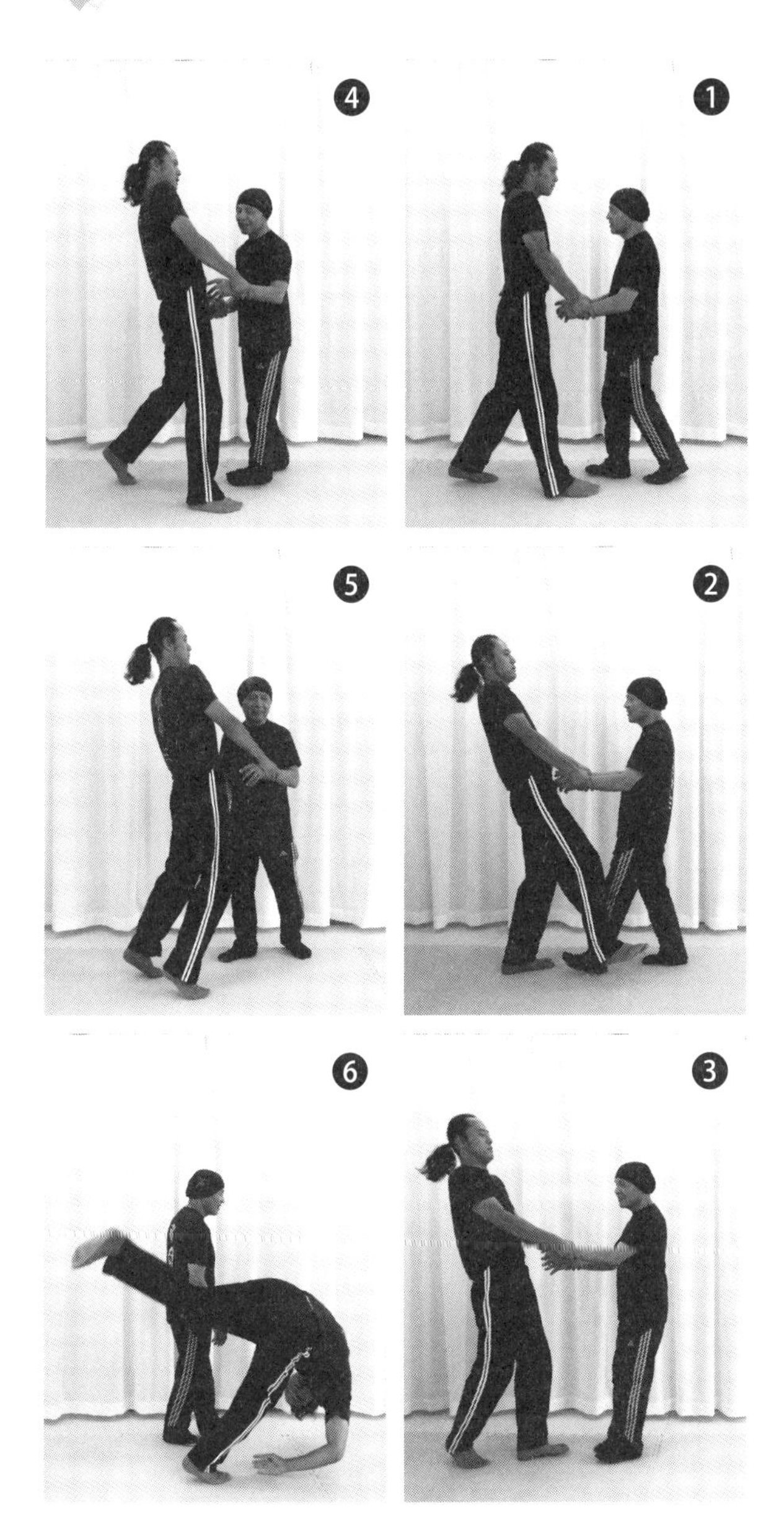

④歩いてから転がす

取りは、受けの胸を見てむすび、丁寧に両腕を出します。受けは歩いてきて、取りの両腕を掴みます。取りは接触面を感じ、風帆の歩きで前に歩くと、受けは後退します。後ろに歩くと受けはついてきます。こうして動いてから、その場で回って振り返ると、受けは転がってしまいます。

⑤猫の妙術？

受けは「隙があった攻撃するぞ」という気持ちで、数メートル離れて立っています。どの術も同じですが、これも、下後鋸筋（かこうきょきん）を作用させて、下部の肋骨を背側中央下方に引き寄せます。ぐっと引き下げると、自ずと鼠径部が緩み、膝も少し緩みます。
この姿勢で受けの胸を見てむすび、前腕を浮かせて両掌を下に向け、ムカヒの気持ちになって風帆の歩きで受けに近づきます。すると、受けは何かしようとする気持ちが起きないのです。近づいたら、受けの手を掴んで崩してみましょう。
これは、『猫の妙術』で老猫が使った術と同じ原理だと思います。

腰を抜く

①両手を掴ませて腰を抜く

取りは受けの胸を見てむすび、優しい気持ちで両腕を出します。もちろんこのときも下体はゆるりと緩めて、上体は天から吊り下げられたようにします。すると正中線ができて、流動自在の状態になります。

受けは、取りの両腕を掴みます。取りは接触面を感じて、手を下ろします。すると、受けは腰から崩れてしまいます。

写真では腰を抜いてから腕を下ろしていますが、最初から腰を抜いておけば、腰を抜く必要はありません。

ちなみに、受けが近づいてくるときに腰を抜くと、受けは掴む前に腰が抜けます。

②押して掴んできたときに腰を抜く

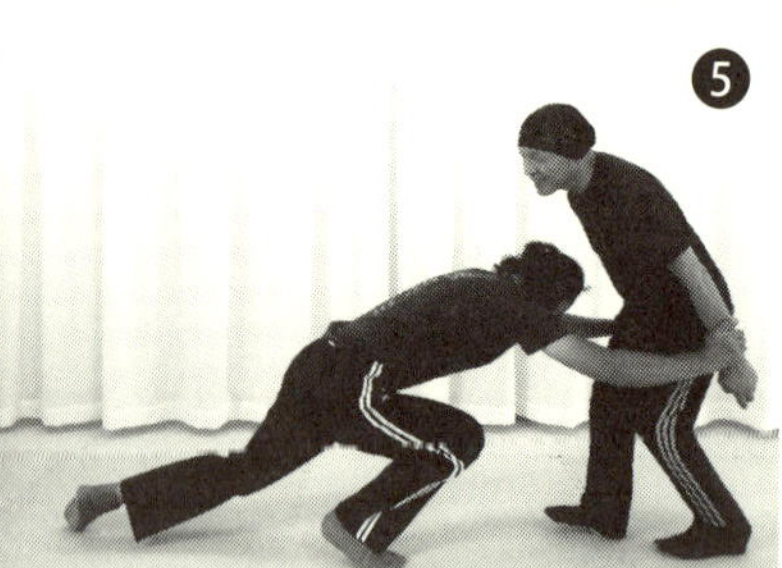

受けは両腕を掴んで押してきます。
取りが両肩甲骨の下側を寄せて、鼠径部を緩めて踵重心で立っていると、受けは押そうとしても力が入らないから押せません。そこで取りが腰を抜くと、受けは崩れます。

③上体を前に傾けた姿勢で転がす

こんなに腰が曲がった姿勢でも、術は効きます。鼠径部から折って上体を前に傾けます。腰を丸くしますが、踵に重心が乗っています。この姿勢でも、腕はとても柔らかくなっています。鼠径部が柔らかいからでしょう。受けが歩いてきて、取りを掴んだときに手を動かせば、受けはその方向に転がってしまいます。

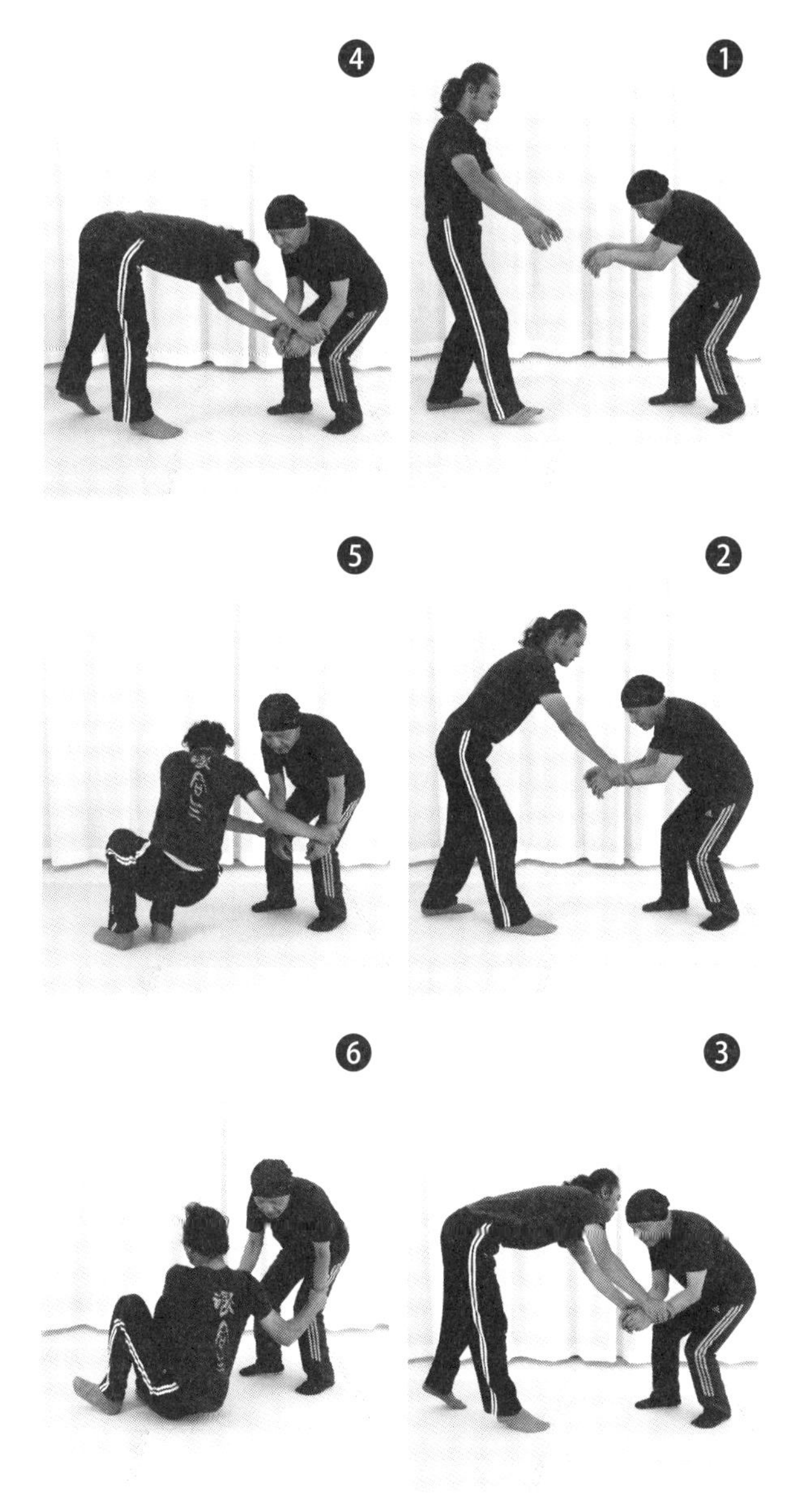

④四つに組んで押されない

鼠径部から折って上体を前に傾け、足を前後に少し開いて、後ろの踵に重心を掛けて立ちます。骨盤を後方回旋させ、腰を丸くします。後方の足の下腿は垂直にします。
息を仙骨に吸っておき、口元は緩めてトロンとします。取りの腰が抜けた状態で柔らかく受け止めると、受けが走ってきて四つに組んで押し込もうとしても押せません。受けは力が抜けてしまう感じがします。
また、体全体で感受すれば、受けの動こうとする方向に応じてどう動けば受けが崩れるかが、不思議とわかるのです。アワ量の増す立ち方を心がけてください。
柔術のことを「やわら」ともいうのは、体で感受して柔らかく受け止めるからでしょう。

⑤走ってくる受けを触れずに転がす

取りは正しい姿勢で、目付きも気持ちもトロンとして立ちます。受けが走って向かってきます。そこで取りが腰を抜くと、受けの腰も同調して、その場に崩れます。あるいは、密息で息を仙骨に大きく吸い込んでください。マノスベの姿勢ができていれば、息を吸い込んだときに受けは腰が抜けて崩れます。

指を動かして転がす

むすびの術は心の術ですから、指先の動きで方向を示せば、受けの細胞がこちらの一意に従ってくれます。

①指を下に向けて転がす

取りは、受けの胸を見てむすび、掌を下に向けて両手を丁寧に出します。受けは歩いてきて、取りの両腕を掴みます。すると、受けは浮き上がりますから、後は指を動かしてみましょう。五指をだらりと下に向けると、受けは下に崩れます。腕は動かしません。

このときに、いったん指を上げてから下ろしてしまうと効きません。これは余計な動きとなります。

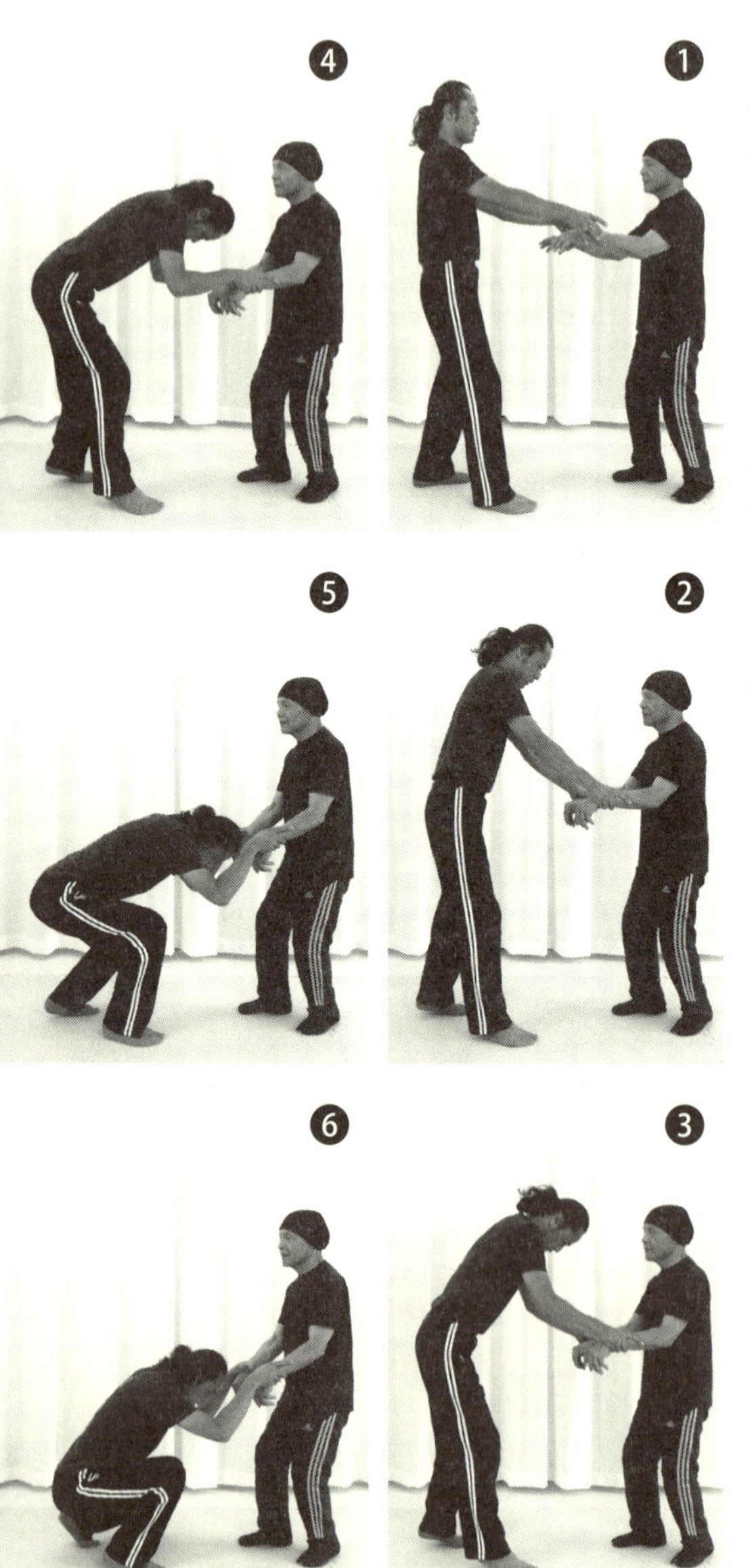

②指を上に向けて、のけ反らす

指を上に向けるといっても、指は水平くらいまでしか動きません。しかし、上に向ける意識があれば、受けはのけ反ります。このとき、手首が動くと受けは動きを感じてしまいますから、指のみが柔らかく動くようにしてください。

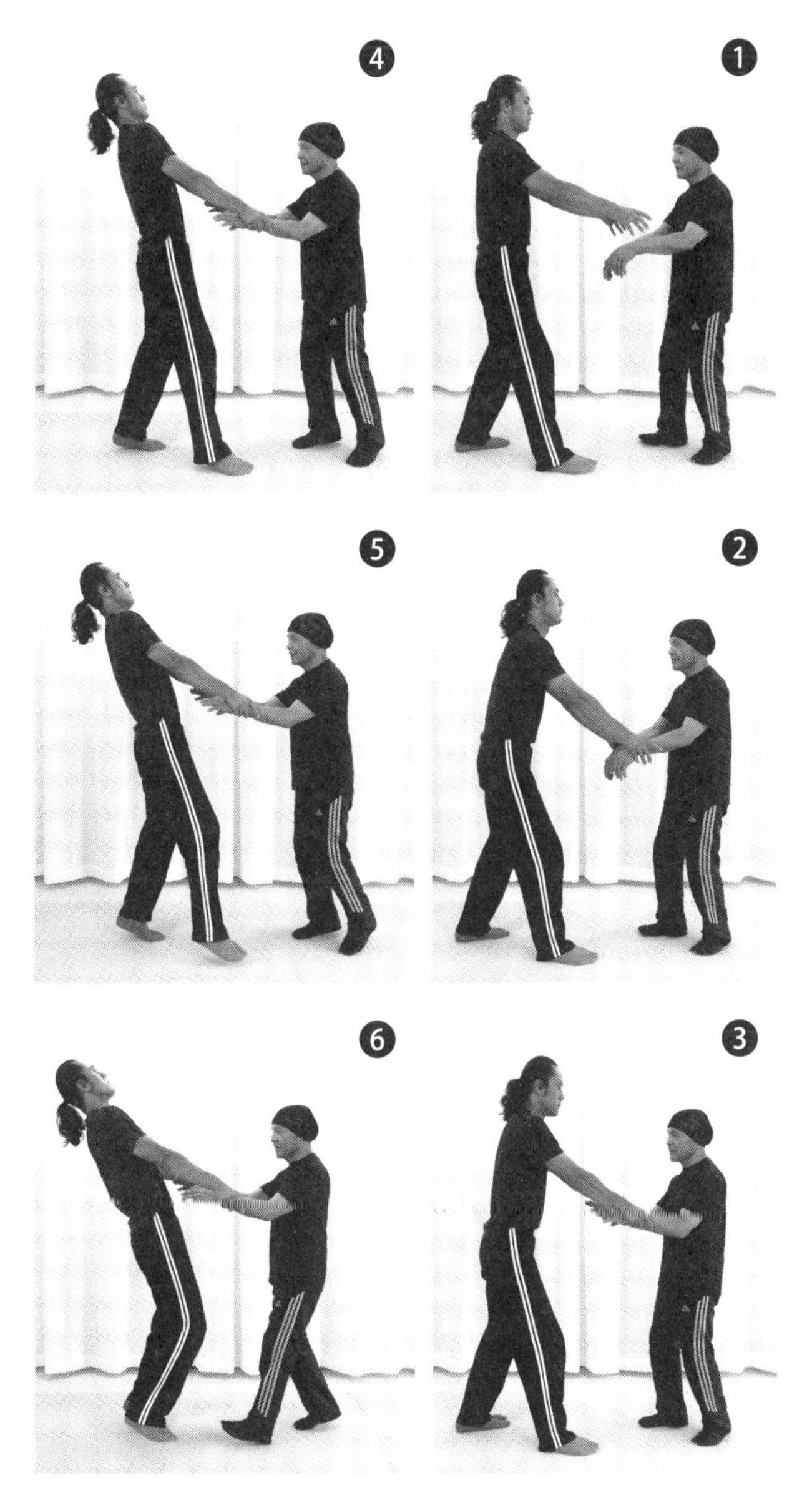

③指を横に動かして転がす

取りは、両肩甲骨の下側を寄せ、両掌を向き合わせて丁寧に差し出します。受けは歩いてきて、取りの両腕を掴みます。両掌の指をほんの少し左へ向けると、受けは左へ動きます。

そのまま両腕を左へ動かして、受けを左脇に転がしてみましょう。

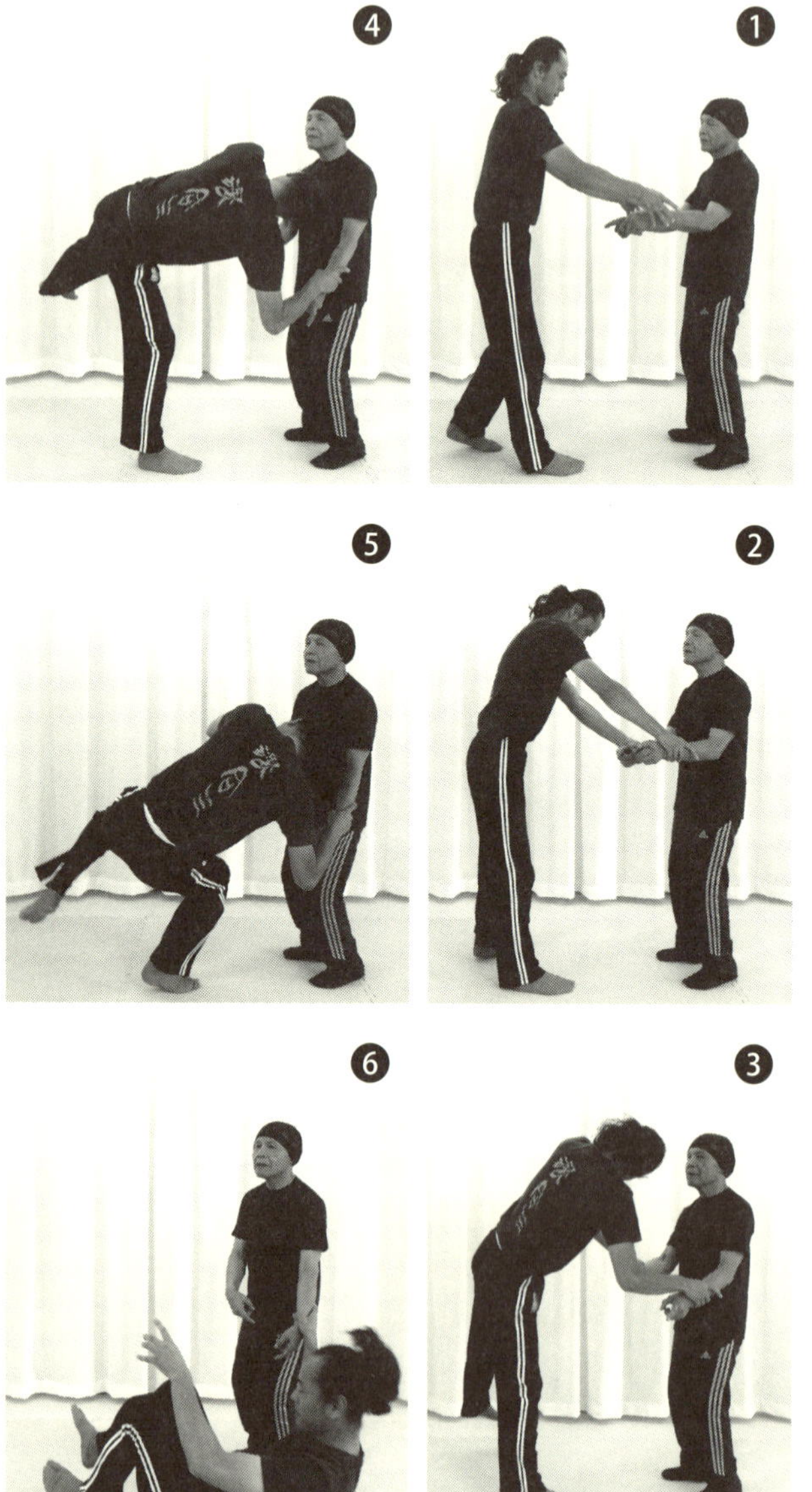

介護に使う

①仰向けに寝ている受けを左腕で起こす

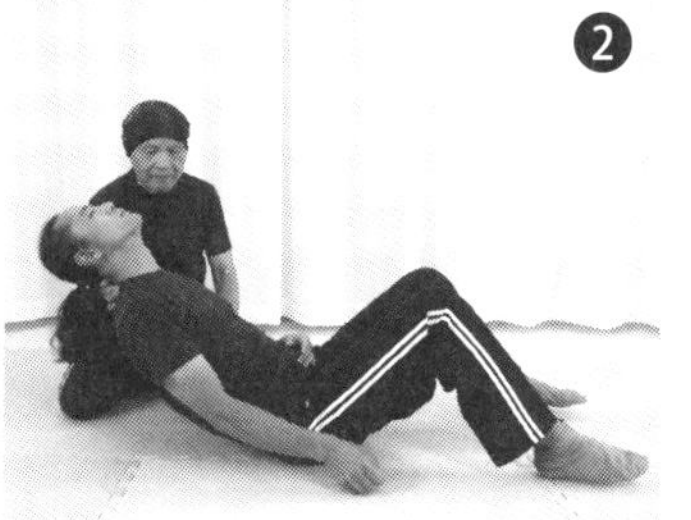

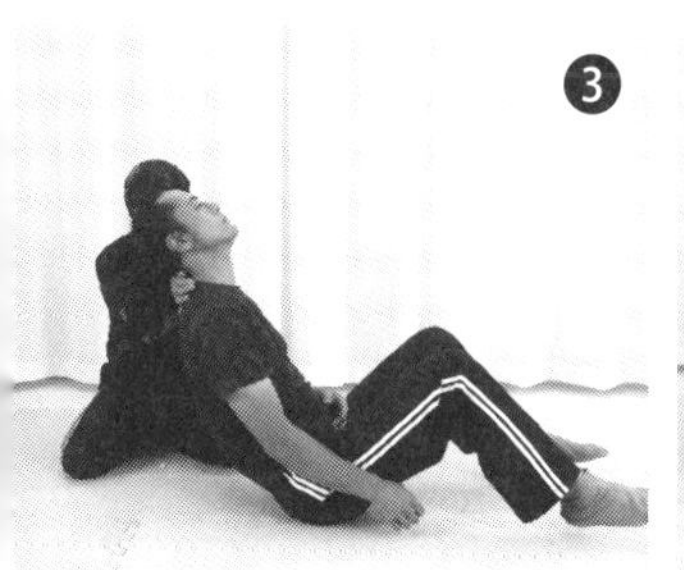

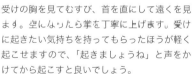

受けは仰向けに寝ます。

取りは受けの首の近くに座り、右掌を受けの首と背中に当たる位置に差し入れます。「手を上げれば、受けは起き上がる」という一意で行います。しかしこの一意は、それが当然になれば、思う必要もなくなります。それよりも、ムカヒの気持ちが大切です。

取りは、鼠径部から上体を曲げて行いますが、上体はあまり傾けずに、できるだけ立てて座ります。腰を後方に引いて、仙骨に重心を置きます。

受けの胸を見てむすび、首を直にして遠くを見ます。空になったら掌を丁寧に上げます。受けに起きたい気持ちを持ってもらったほうが軽く起こせますので、「起きましょうね」と声をかけてから起こすと良いでしょう。

ちなみに、左指先を垂直に垂らして、受けの胸から腹に向かって中心線をなぞっておくと、容易に起こせます。

②仰向けに寝ている受けの両腕を持って立たせる

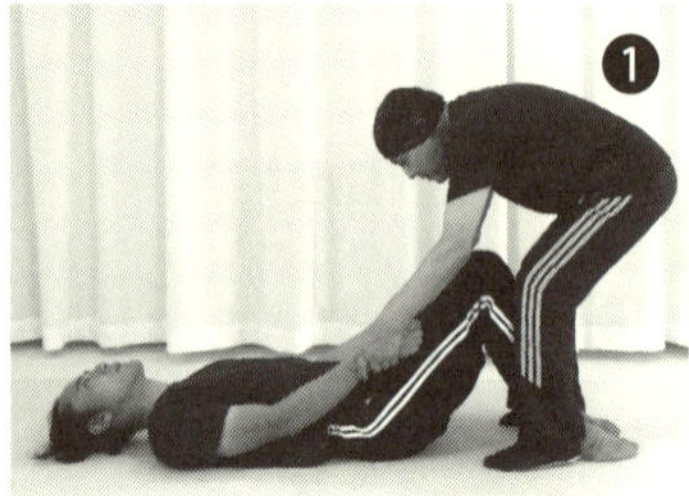

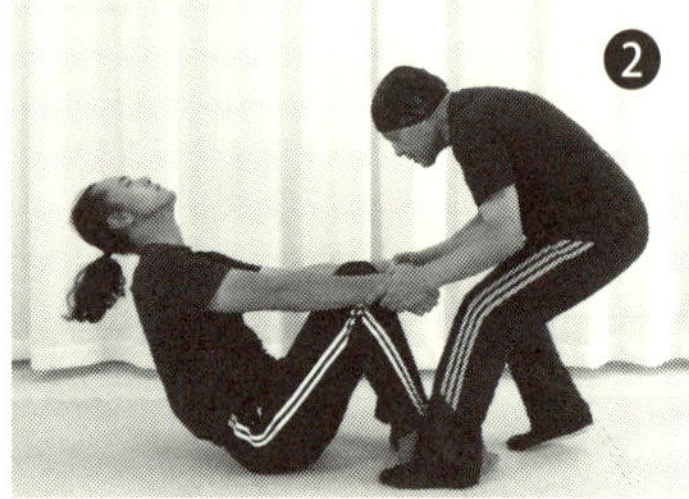

受けは仰向けに寝ます。受けの両膝を少し立てます。
取りは、受けの足元に立ちます。そして腰をかがめて、受けの掌を真下あるいは真上に向けて、両腕を掴みます。横から掴むと難しくなります。
うなじを直にして、観の目で遠くを見ます。手を床から40～50センチほどに低く保ったまま、ただ後ろへ歩きます。すると、受けは自然に立ち上がります。終始、丁寧な気持ちで行うことがコツです。すぐに立ち上がってもらえます。

③椅子に座った受けの両腕に手を触れて立たせる

受けは椅子に座ります。取りは、受けの両腕に軽く触れます。受けの胸を見てむすび、うなじを直にして観の目になります。そして取りは、手をやや斜め下方向へ真っ直ぐ引きます。受けのお尻が座面から離れたら、手を上げて立ち上がらせます。

これも丁寧な気持ちと仕草が大切です。受けの細胞と共鳴すると、受けは自ずと立ち上がります。ちなみに、受けの脇の下に両腕を通して、左掌で肩甲骨、右掌で腰に触れて抱え上げても、力を使わずに受けを気持ち良く立たせられます。

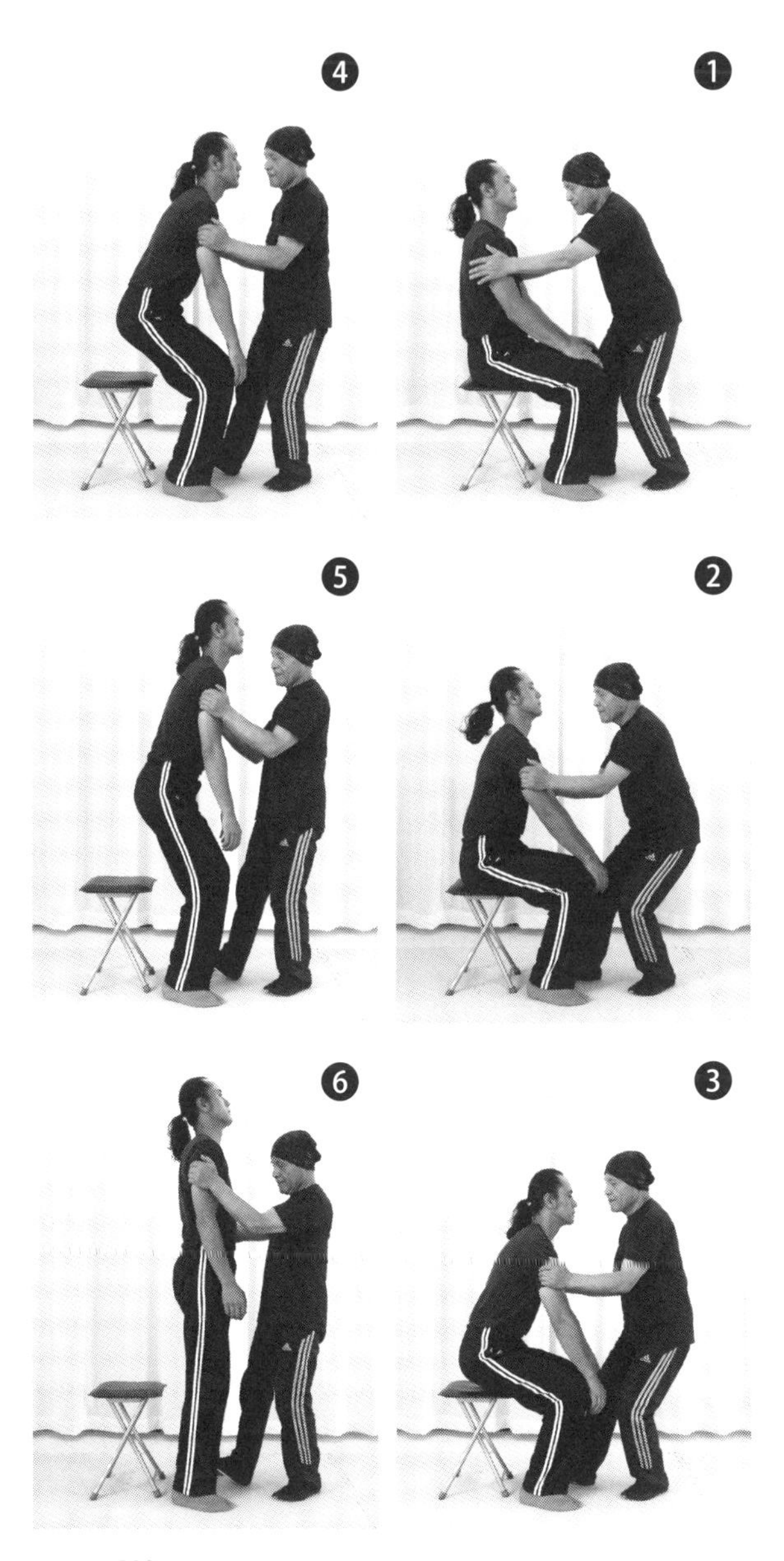

④椅子に座った受けの両掌に触れて立たせる

受けは椅子に座ります。取りは両掌を上に向けて差し出し、その掌に受けは両掌を乗せます。取りは接触面をしっかりと感じたら、手を斜め下方向に引くと、受けのお尻が座面から離れます。

その流れで手を上げると、受けは立ち上がります。丁寧さが大事です。

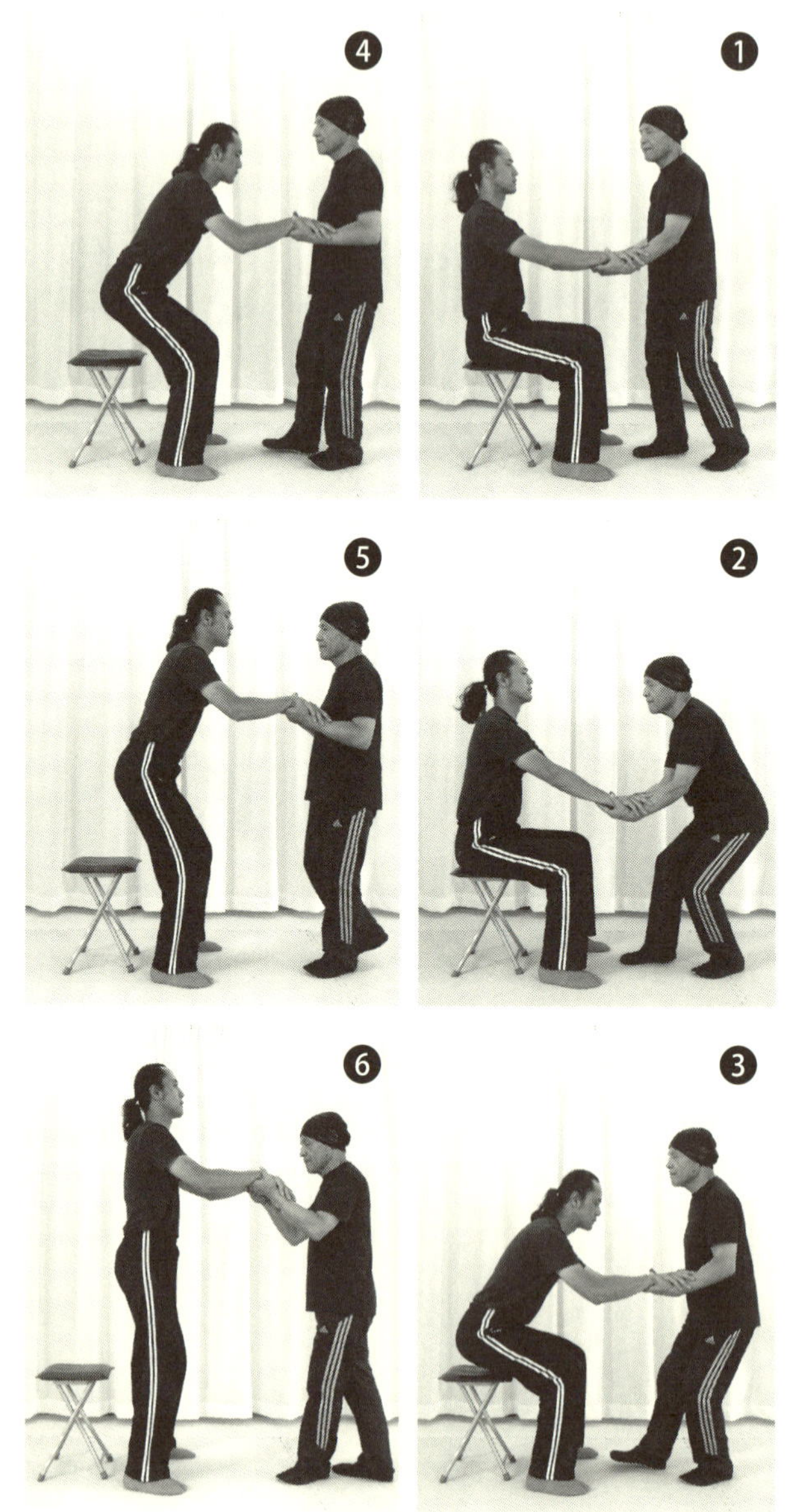

⑤膝を立てて座っている受けの両腕を持って立たせる

受けは両膝を立てて座り、両手を差し出します。取りは腰をかがめて、掌を真下あるいは真上に向けて、受けの両腕を持ちます。

座っている受けの胸を見てむすび、うなじを直にして、受けの腕を水平に引きます。すると受けは少し腰が浮きますから、その流れに合わせて手を上げると、受けは立ち上がります。

これもムカヒの気持ちで丁寧に行うことで、受けは自ずと立ち上がります。両者ともに、力はほとんど使わない点が不思議です。ムカヒのアワの力なのです。

カタカムナ物理の重要語

①マノスベ

マノスベとは「間の術」という意味合いで、生命を生かす手段のことです。生命を生かす方向軸は、アワ量を増やし、オホとの共振波動を高めていくことです。

②カム

カムは無限に大きく、いつでも存在し、我々の生命に刻々と関わっています。カムは現象を発現させる場のことです。大宇宙もカムの場の上に発現しています。カムのムは無限に大きく広がり、カは極限まで小さい潜象粒子です。

カムの力が現象界に出てアマになり、アマからメを出すようにアメが出て、アメが変遷して、それぞれの性質を持った粒子（ツミ）となります。それらがクマリ（自由性を持ってまとまり）してクニ（原子、分子）に変遷し、タマ（独立したマ、つまり形）が生じます。

そこには、アマとタマのムカヒの場ができています。アマという母から、タマという子が生まれ育つのは、アマ（カ）とタマ（ミ）とのムカヒの物理であって、これが私たち生物のムカヒ（対向発生）の原点になっています。

③タマ

発現した現象物のことをいいます。あらゆる現象（タマ）は、トコタチ（ムカヒ）によって、発生し存続します。ちなみに、地球もチタマといいます。

④トコタチ

モノは全て、たった一つで発生することはありません。必ずムカヒ（相対）があります。そのとき、互いに正反（八）となりあう場があり、そこに、カムウツシが生じ、カムの本質である力が分け与えられます。

すると、その受け方でカタチがなされていきます。そのなされ方をトコ（ともに転がる床の意）タチ（重なり合う性質）といいます。トコタチによって現象が存続しています。現象はイマタチ（今の性質）ですから、アワ量によってイマタチを良くすることができるのです。

⑤オホ

我々の環境（オホマ）から、常に我々の生命に親和して関わってくれるカムのシヒ（魂）を、オホといいます。

このオホを受け入れる感受性（アワ）を鍛えることで、オホに抱かれている、ホッとした幸せな感覚が得られるようになります。オホは、ホノボノ、ホガラカ、ホノカ、ホメル、ホレル、ホンモノ、といった気持ち良い現象を作り出します。

⑥ウツシ

私たちは、カムのウツシを受ける能力（感受性、すなわちアワのチカラ）と、感受したものを判断し行為する能力（脳の判断力、サヌキのチカラ）とで活動しています。

この感受性を鍛えて、十分なカムウツシを受けていれば、マトモな判断行為ができるサヌキを出せます。その意味で、現代社会はアワ性が少ないのです。私たちの生命力の基本はアワであり、生活活動であるサヌキは、アワ量によって営まれています。

⑦アワ量

カムの力が、カムから分離独立して現象界に出たものを、アワと呼びます。アワ量とは、カムウツシ量ともいいます。私たちの体（ワ）にカムの根源の力が直接にカムウツシ（ウツシ）される量の多寡のことです。言い換えるなら、オホの関わりの多寡です。

アワ型はアワ量が多くなります。アワ量が増えれば、緊張を緩めてアマウツシも増えます。

⑧ノ

全ての粒子が、トコタチ（重合を繰り返す性）によって次々と変遷することを、ノ（ノス）といいます。

⑨オモダル

重さの主体のことです。質量の本質は物質内の力の変遷、つまりオホの正反の旋転巡回にあります。カムウツシとアマウツシが盛んになって体内のオモダルが増すと重くなるため、その人を抱え上げてみると、オモダル量が量れます。

⑩ウツシツミ

あらゆるものは、カムから変遷して現象界（アマ）に発生し、次々と様々に変遷していきます。その生命現象の正体はウツシツミという潜象界面から発生し、個々の粒子として示されるミのことです。これは、ミのチカラを持った電気粒子なので、イともいいます。

我々は、どうすれば健康に生きられるか。それはウツシツミ、つまりアマウツシ（生命発生）を盛んにして、ウツシツミのカサ（カムウツシ量）を増やすことです。

⑪ウツシマツル

ムカヒのサトリを知ったカタカムナ人は、向上的にカミ（根源）に向かって、自己の性質となるアワ量を深め、オホとの波動量を高めていきました。それによって自己の性質の幅と広さが増すことを感受して、ウツシ（カムウツシ・アマウツシ）を奉りました。

⑫ト

根源のカムからの発生と統合です。カムウツシ、アマウツシによってあらゆる生命が発生し、持続され、還元していく理が込められた、カタカムナの根本思想です。

⑬マ

アマウツシのチカラによって現象物が発生し、存在するマ、そこはトキとトコロが発生する小さな空間のことです。個々のマの間にある空間が、オホのマになります。

⑭トキトコロノトコタチ

現象が発現した空間をマといい、マが存在している時間をトキといいます。マが消滅すれば、トキもなくなります。

マの本質はマリ（マ全体に渦巻いている時空互換量子）であって、トコロ（空間量）はトキ（時間量）に互換し、トキはトコロに重合して交番的に変化しています。このような変化が幾重にも重なって、現象が刻々の瞬間に成り立っています。これをイマタチ（今の質）といいます。

生き生きしているときや充実しているときとは、マリの密度が濃い状態です。

⑮カタカムナ

形を作り上げているカタチのない主、という意味です。この宇宙をアマといいますが、このアマを超高速で分化し作り上げ、それを壊し、循環させている無限の力を持つ主のことです。

カムは、現象を発現する発生の場でもあります。私たちの体にも、カムから生み出される超微粒子カムミがカムウツシされて、渦巻いています。ゆえにカタカムナとは、私たちのイノチに他なりません。

⑯ソギタチ

アマの収縮性を、ソギタチといいます。アマが縮まれば、重合したマリを一層強く加圧します。高圧を受けたマリは、正反性を持った電気イカツミ（陽電気＝

アワと、陰電気＝サヌキ）に転移します。

電気（イカツミ）は生命活動の元ですから、イノリとはイ（イカツミ）が乗りますように、という願いでした。

⑰ミソギ

カムミの吸着です。イカツミ（陽電気＝アワと、陰電気＝サヌキ）を身に吸着させることによって、体のミの密度が濃縮され、オモダルが増え、外見がすっきりとソゲタ形になるので、ミソギといいます。

山の頂や神社の境内などのイヤシロチ（還元電圧地帯）が、ミソギの場とされていました。そこは体内のアワ・サヌキ（電流値）が増える土地です。地球上では電気の分布は一様ではなく、電気を奪われてしまう地帯をケカレ地（酸化電圧地帯）といいます。

現代では電磁波が飛び交っていますが、これは自然なものではないので、体内のアワ・サヌキの働きが狂わされてしまいます。

⑱ソコタチ

アマの膨張性を、ソコタチといいます。アマが広がれば重合マリを圧縮していた圧力は少なくなり、重合マリは拡散し、単一マリに還元します。

⑲ソギタチとソコタチ

ソギタチ、ソコタチは現象の物理であり、ソギ、ソコの力によって現象は新陳代謝しています。

新陳代謝の盛んな体にすることを、イヤシロチバといいます。イヤ（＝電気が極限まで豊富に）、シロ（＝示されて現れる）、チバ（＝力が持続している場）ということです。

新陳代謝の循環サイクルが速いことは、イカツミが豊富で、アワ・サヌキの対向発生（ムカヒ）の力が大きいということです。アワ・サヌキの対向発生を続けることが、生命活動です。

⑳アマナ

極微粒子アメが多数集合し、融合し、濃密になった状態です。アマの出先機関（名代）のように、クニ（原子）の中に入り込んで、原子を作る核になっています。

アマナの役割は、アマウツシを受けて授けることです。これによって潜象を現象に分化させ、また、現象を潜象に還元させます。あらゆる生物や無生物は、アマウツシによって発生しては還元します。全てはアマとの刻々の対向発生になります。

おわりに

私たちの生命は、感受性（アワ）と、脳の判断行為（サヌキ）とのバランスが取れていれば、当然の生命の状態（マノスベ）で生かされます。しかし、人間が脳の要求（サヌキ）の方向に独走して、心身のバランスを失うたびに、病や癌化する危険をおかします。

カタカムナ人はこれを知っていて、感受性を養って生きるスベを開発して、具体的に示してくれました。現代科学では未開の分野ですが、心身ともに健全な生命を全うするための、生命の根本物理といって良いでしょう。

我々の生命活動は全て、感受性のミが入らなければ発動しません。ミを入れると、そのときの感受に従って、オホは生命にとって良い方向へ判断行為を出してくれます。

江戸時代までの人々が、現代人よりも遥かに長距離を走ったり歩いたりできたのはなぜか、三十三間堂の通し矢の記録がなぜ生まれたか、古代には何百歳も生きたという記録が出てくるのはなぜか、興味ある課題です。

これらは体力というよりも、アワ量の多さということができます。今後多くの方が、このことをカタカムナから知っていただければと思います。

本書をお読みくださり、誠にありがとうございました。独習でもマノスベの姿勢はできます。正しくできているかどうかは、感受しながら丁寧に体を動かすことを心がけていれば、自身の感覚でわかってきますし、工夫も生まれてきます。

力の世界から生まれた現代の世の中の常識とは何もかも真逆になる、風帆の歩きや魂の合氣を受け入れていただけたでしょうか。

日本人が1万年以上もの長い間、世界とは異なった文化を継承してきたのは、カタカムナの働きを感受していたからです。日本文化の優れた奥深さには、感受性が根底にあったのです。

カタカムナ物理の広さと奥深さには果てがありません。単に神とのつながり、天とのつながりなどといった抽象的なことではないのです。具体的に、オホとのつながりやアワ量を増やすことで生まれるカタカムナの法則を身近に捉えていただきたいと思います。そうすれば、魂合氣のみでなく、自身の専門分野でも発見や進歩があるでしょう。

宮本武蔵が、**『諸芸、諸能の道となせば、万事におゐて、我に師匠なし』**と記したように、自身の次元が上がることに気づかれると思います。

この本は、2015年1月に発行したオンデマンド書籍『誇るべき日本文化、その諸能の原点を知る　風帆の歩きと魂合氣の術』をベースにして、新たに発見した事項を書き加えて納得できる内容にし、興味深く仕上がりました。これをBABジャパン様で発行していただけることは、この上ない喜びです。

日本は、素晴らしい歴史を持った国です。素晴らしい人々にも恵まれています。これからも千代に八千代に、素晴らしい国として輝き満ちていますように願ってやみません。

参考文献

「合氣神髄」……植芝吉祥丸監修（柏樹社）

「武産合氣」……高橋英雄編著（白光出版）

「弓と禅」……オイゲン・ヘリゲル著　稲富栄次郎・上田武共訳（福村出版）

「日本の弓術」……オイゲン・ヘリゲル述　柴田治三郎訳（岩波書店）

「決定版宮本武蔵全書」……松延市次・松井健二監修（弓立社）

「宮本武蔵　実戦、二天一流兵法」……宮田和弘著（文芸社）

「「密息」で身体が変わる」……中村明一著（新潮社）

「日本と世界を揺り動かす物凄いこと」……増田悦佐著（マガジンハウス）

「決定版「秘伝」のすべて」……別冊歴史読本（新人物往来社）

「ヨーロッパ文化と日本文化」……ルイス・フロイス著　岡田章雄訳注（岩波文庫）

「極意とは何か」……島田明徳著（BABジャパン）

「クリニカルマッサージ」……JamesH.Clay/DavidM.Pounds 著　大谷素明監訳（医道の日本社）

「〈サヌキ・アワ〉（性）のサトリについて」……相似象第十号別冊　宇野多美恵著（相似象学会事務所）

「感受性について（その3）」……相似象第十一号別冊　宇野多美恵著（相似象学会事務所）

「神示・布留の九十文」（4～6集）筆……内山真月著（ご本人）絶版

「火水伝文」……ヒミツタエフミ　我空徳生筆（ご本人）

「ホメオパシー的信仰」……由井寅子著（ホメオパシー出版）

「沢庵禅師逸話選」……禅文化研究所編（禅文化研究所）

「霊界物語」第1輯……出口王仁三郎著（八幡書店）

「宮本武蔵　五輪書」……神子侃訳（徳間書店）

「秘印　密咒　霊符　古神道　玄秘修法奥伝」……大宮司朗著（八幡書店）

「武道秘伝書」……吉田豊編（徳間書店）

「古事記」……西宮一民校注（株式会社　新潮社）

「一人でできる着付け入門」……笹島寿美著（世界文化社）

「「カタカムナ」で解く　魂の合氣術」……大野朝行著（BABジャパン社）

「完訳秀真伝」上巻……鳥居礼編著（八幡書店）

「開闢神代歴代記　全」……岩間尹著（三浦一族会）

「相似象」第十号～第十五号……宇野多美恵著（相似象学会事務所）

著者◎大野 朝行　おおの ともゆき

東京都北区出身。平成7年『相似象』に出合い、カタカムナの研究を始める。平成10年『合氣神髄』『武産合氣』に出合い、合氣に興味を持つ。『五輪書』の姿勢を研究し、その姿勢で散歩するうちに風帆の歩きを発見。さらにその姿勢であれば、合氣ができることを発見。平成18年「魂合氣研究会」を発足し、ホームページを立ち上げる。「教えることは学ぶこと」をモットーに、多くの方達とのご縁を通して魂合氣を研究し、現在に至る。著書に『「カタカムナ」で解く 魂の合氣術』（BABジャパン）、DVDに『魂の合氣―上古代の超常力！カタカムナで身につける達人の技』（BABジャパン）など。

◎魂合気 Welcome to aiki of soul

http://tamaaiki.com/

写真撮影● 泉谷典彦
撮影協力（受け）● 宇佐見仁
本文デザイン● 澤川美代子
装丁デザイン● やなかひでゆき

すぐできる！ 魂の合氣術
「カタカムナ」の姿勢と動き

2018年11月5日　初版第1刷発行
2023年10月30日　初版第3刷発行

著　者　　大野朝行
発行者　　東口敏郎
発行所　　株式会社 BAB ジャパン
〒151-0073 東京都渋谷区笹塚 1-30-11　4・5F
TEL　03-3469-0135　FAX　03-3469-0162
URL　http://www.bab.co.jp/
E-mail　shop@bab.co.jp
郵便振替 00140-7-116767
印刷・製本　　中央精版印刷株式会社

ISBN978-4-8142-0168-6 C2075